# 民法典开讲

中国人民大学法学院◎编

人民出版社

# 目 录
## CONTENTS

张新宝

（中国人民大学法学院教授、博士生导师　《中国法学》杂志社总编辑　中国法学会民法典编纂项目侵权责任编召集人）

# 第一讲
# 民法典的时代精神与中国特色

## 王利明

中国人民大学常务副校长
中国法学会民法学研究会会长
中国法学会民法典编纂项目领导小组副组长

　　大家好！今天我想和大家一起来讨论民法典的时代精神和中国特色。大家知道，《中华人民共和国民法典》（以下简称《民法典》）的颁布，是我们国家民事立法史上一件具有里程碑意义的大事。民法典是新中国成立以来第一部以"典"命名的法律。所谓"典"，就是表明了它所规定的都是基础性的民事法律规范和制度。民法典也是一部以"民"命名的法典，这就表明这部法典以充分地反映人民的意愿、回应人民的需求、保障人民的权益为目标。民法典作为市场经济的基本法、市民社会的百科全书，是实现人民群众美好幸福生活的法律保障。围绕民法典的时代精神与中国特色，我今天主要想谈一下几个问题。

# 一、编纂民法典的意义

　　民法典编纂的意义非常重大，我认为可以从以下几个方面加以概括：

　　第一，民法典的颁行会极大地推进我们国家民事立法的体系化。法典化实际上就是体系化，我们之所以要有一部法典，正是因为虽然我们已经制定了270多部法律，但是这些单行法都是在不同的时期、不同的阶段制定的。它们或多或少反映了不同时期、不同阶段的不同的需求，具有当时立法者所考虑、所强调的不同特点。如此一来，各个单行法之间就因为欠缺整体的体系设计和考量，难免出现诸如表述的不一致、概念的不统一甚至规则之间相互冲突矛盾的现象。民法典的意义正在于避免这些现象，因此制定民法典，就必须在科学合理的体系下具体规定各项基本的民事法律制度和规则，从而形成系统完整的法典，最终极大地促进我国民事立法的体系化。

第二，制定民法典有利于提升我国治理体系和治理能力的现代化。国家治理体系和治理能力，以全面依法治国为重要内容，旨在通过法律的手段来管理国家、管理社会，因此法治就是其核心内容。法治的概念，可以用八个字来简单地概括，这就是："规范公权、保障私权"。所谓规范公权，就是要把公权力关进制度的笼子里，这主要是靠宪法、行政法等公法来完成的。而保障私权，则需要由民法典来完成。民法典正是一部全面保障私权的法，因此可以说，民法典的颁布为全面依法治国奠定了坚实的基础。规范公权与保障私权之间具有紧密的关系。保障好私权也会发挥规范公权的积极的作用。这是因为民法典确认和保护好各项民事权利，实际上也会为行政机关行使公权力确定一定的行为的标准和依据。公权力机关在行使公权时，非必要时不能够以损害公民的民事权利为代价，不能减损公民的权利。所以从这个意义上我们可以看出，保护好私权也有利于规范公权。正是基于这一原因，我们说民法典的制定有利于国家治理能力和治理体系的现代化的提升。

第三，民法典有利于完善社会主义市场经济的法制。民法典所规定的各项制度和规则深深地根植于市场经济，同时它又反过来有效地调整规范市场经济活动，维护市场经济秩序。民法确认的诚实、信用、平等、自愿等这些原则，就是市场经济的最基本的规则。民法典所确认的物权制度、合同制度这两项制度，就是市场经济的两根基本的支柱。市场经济最基本的规则体系一是产权，二是合同，这两项制度的绝大部分内容就是由民法典来规定的。所以，我们说民法典的颁布，会极大地完善社会主义市场经济的法律规则，也会有力地改善我们的营商环境。

第四，民法典的颁布将会为人民群众美好幸福生活提供有力的保障，这个问题我们在下面还要专门展开讨论。

第五，民法典的颁布有利于实现公正司法。首先，法典一个很重要的功能就在于资讯集中、方便找法。在民法典出台以前，例如网购的产品有瑕疵，不管是向厂家还是商家提起诉讼，在诉至法院后，对于一个简单的案例，究竟应当适用什么法？这是因为我们现在采取单行法立法的方式，使得法官寻找裁判依据经常出现困难。所以，在上述例子中，有的法官从《消费者权益保护法》里面找依据，有的法官是从《合同法》里找依据，有的是从国务院的有关产品责任的行政法规的规定中找依据，法律适用难以统一。而在民法典颁布之后，由于民法典是最基本的裁判规则，所以法官首先就应该从民法典里寻找裁判依据。如果涉及合同的纠纷，就要从民法典的合同编里面去找裁判依据；如果涉及侵权，就应该从民法典的侵权责任编里寻找裁判依据。如此一来，就会极大地解决法官找法困难的问题。同时，法官有了一部法典在手，他只要把这部民法典真正地弄懂弄通，就会极大地提升审判能力和适用法律的能力。其次，民法典也能够有效促进同案同判。前面已经提到，因为法官适用法律不同，同样一个案件一审、二审有时候判决不同，甚至不同地区判决不同，出现这一现象的原因就在于单行立法所带来的裁判依据上的分歧。如果有了一部民法典，我们就会极大地解决法官在适用法律方面的不统一、不一致的问题，真正能够保证同案同判、公正司法。

## 二、民法典的体系创新

民法典不仅体系完整，而且在体系构建方面可以说进行了重要的创新，民法典一共七编，总则之后有六编，分别是物权、合同、人格权、婚姻家庭、继承和侵权责任。与大陆法系经典的民法典，如《法国民法典》《德国民法典》相比较，我们的体系安排很有特色。创新和特色主要体现在：第一，人格权独立成编是传统的大陆法系国家民法典没有的；第二，侵权责任独立成编也是传统大陆法系国家民法典里没有的；第三，以合同编取代"债法总则"也是传统大陆法系国家一般都没有采用的做法。

我国民法典的体系安排具有以下几个特点。首先，体系严谨、结构合理。民法典七编实际上都是围绕着民事权利的确认和保护展开的。民法总则规定的是有关民事权利的基本的规则，包括民事权利主体、客体与民事权利行使、保护的基本规则。第二编至第六编围绕不同民事权利来展开：物权编规定的是对物权的确认和保护，合同编规定的是对合同债权的确认和保护，人格权编规定的是对人格权的确认和保护，婚姻家庭编规定的是对有关婚姻家庭中的人身权利的确认和保护，继承编规定的是对继承权的确认和保护。而最后一编侵权责任编，就是对所有侵害这些民事权利所应当承担的侵权责任的规定。所以，民法典采取从权利到责任和救济的思路展开，以民事权利的确认和保护作为一条红线，将各编贯穿起来的，可以说体系非常严谨，设计得非常科学。

其次，整个民法典的体系结构和内容，都贯彻了注重人文关怀、彰显人文精神的价值理念。制度体系只是体系化的一个方面，民法典还包括了另外一种体系，就是价值体系。民法典的整个价值体系就是注重人文关怀、彰显人文精神。比如我们刚才讲到了人格权的独立成编、侵权责任法的独立成编，体现的都是人文关怀的精神。孟德斯鸠有一句名言，"在民法的慈母般的眼中，每个个人就是整个国家。"其中要表达的就是，优秀的民法典应该是以人文关怀作为它的基本的价值。而我们的民法典，正是体现了这样一种精神。

# 三、民法典的时代特色和制度创新

## （一）民法典适应了维护基本经济制度、弘扬社会主义核心价值观的需要

我国民法典是中国特色社会主义的民法典，首先必须要以宪法为依据，维护社会主义基本经济制度，体现社会主义的本质特征和基本要求。我国实行以公有制为主体、多种所有制共同发展的所有制制度，同时实行社会主义市场经济体制。如何实现公有制与市场经济的有机结合，是人类历史上前所未有的新问题。我国民法典设置了一系列与之相适应的具体规则，确保基本经济制度的落实与巩固，并促进公有制与市场经济的融合发展。例如，《民法典·物权编》第206条开宗明义地对基本经济制度作出描

述后，在所有权分编中确认了国家、集体对土地的所有权，同时在用益物权分编规定了建设用地使用权等用益物权。土地所有权不能移转，但建设用地使用权等用益物权可以移转、抵押、租赁等。民法典确认建设用地使用权等制度，通过市场的手段，使土地等资源进入市场，使资源利用效率最大化。用益物权制度成为在公有制中引入市场机制的法律解决方案，通过当事人的自由协商和有偿使用的机制，有利于实现资源的最有效配置。

民法典有效协调了改革与立法的关系，巩固了改革的成果。改革开放是中国走向伟大复兴的关键，是决定当代中国命运的关键。在改革进入"深水区"和攻坚阶段后，利益格局面临深刻调整，要确保各项改革工作健康有序开展，各项全面深化改革措施顺利展开，改革必须依法进行，才能在法治轨道上稳步推进。改革越是不断深化就越需要法律确认改革成果、引领改革发展，在法律与改革之间形成良好的互动关系。从我国民法典的规定来看，其许多规则都注重协调与改革之间的关系。这尤其体现在以下几个方面：为适应产权制度改革的需要，民法典确立了财产权平等保护的规则（第113条），从而为产权制度改革提供法治基础；为适应土地制度改革，民法典在建设用地使用权、土地承包经营权、土地经营权等方面也确立了一些反映改革需要的规则，尤其是《民法典·物权编》在总结农村土地经营权改革经验的基础上，新增土地经营权制度（第340—342条），确认了农村土地"三权分置"的改革结果。

民法典弘扬了社会主义核心价值观。《民法典》第1条将弘扬社会主义核心价值观作为民法典编纂的宗旨之一。社会主义核心价值观在民法典中得到了充分体现。一是促进家庭的和睦，弘扬家庭美德，重视家庭文明建设。敬老爱幼是中华民族的传统美德，中华民族也历来重视家庭和睦与社会和谐。在我国民法中，夫妻关系不是合同关系，也不是合伙关系，而是特定的具有身份性质的伦理情感关系。《民法典》第1043条规定："家庭应当树立优良家风，弘扬家庭美德，重视家庭文明建设。夫妻应当互相忠实，互相尊重，互相关爱；家庭成员应当敬老爱幼，互相帮助，维护平等、和睦、文明的婚姻家庭关系"，这就弘扬了中华民族传统美德。二是提倡家庭成员的相互扶养、帮助。在继承编中，就法定继承而言，西方是以血缘关系为基础来确定继承人和遗产的分配。而在民法典的法定继承中，还提倡家庭成员之间、亲属之间相互扶养、相互帮助，所以丧偶儿媳对公婆，丧偶女婿对岳父母，尽了主要赡养义务的，成为第一顺序继承人（第1129条）。同时，对于继承人以外的对被继承人扶养较多的人，可以分给适当的遗产（第1131条）。可见，我们民法典在法定继承中确定继承人的范围和分配遗产时，并不是完全以血缘关系为基础确定继承人范围，而是提倡家庭成员的相互扶养、帮助、和睦、和谐，这也体现了中华民族的传统美德。三是倡导互助互爱，守望相助。儒家"仁者爱人"的观念，已经成为我国传统文化中的重要精神内核。为发扬互爱互助的传统美德，促进守望相助的社会风尚形成，民法典制定了一系列相关制度。例如，总则编中的紧急救助的免责、人格权编中的法定紧急救助义务、侵权责任编中自愿救助义务、婚姻家庭编中的友爱互助义务，都是核心价值观的直接体现。四是强化诚实守信。遵守诺言、诚实守信是中华民族的传统道德准则，儒家学说提倡"人而无信，不知其可也"（《论语·为政》）。儒家诚信法律文化甚至将其上升到一般的做人准则。"诚者自然，信是用力，诚是理，信是心，诚是天道，信是人道，诚是以命言，信是以性言，诚是以道言，信是以德言"（《性理大全·诚篇》），这些都构成了契约严守精神的文化基础。《民法典》第 7 条规定："民事主体从事民事活动，应当遵循诚信原则，秉持诚实，恪守承诺。"民法典不仅以诚实信用为基本原则，而且将其贯彻在每一编之中，努力构建以诚信为基础的市场经济秩序。

民法典体现了以人为本的精神。孟德斯鸠在《论法的精神》中指出，"在民法的慈母般的眼里，每一个个人就是整个的国家"。① 这深刻地表达了民法所应当秉持的人本主义精神。这种以人为本的精神既贯穿于民法典编纂的始终，更通过制度的设计得到实现。这尤其体现在对人格尊严的保护方面。人格尊严，是指人作为法律主体应当得到承认和尊重。传统大陆法系国家民法典以调整财产权为重心，普遍存在"重物轻人"的倾向，或者说出现了"泛财产化"的倾向。而我国民法典中人格权编和侵权责任编以维护人格尊严为核心，强化对人格权的保护，恰好弥补了传统民法典的体系缺陷。独立的人格权编和侵权责任编，突出了人的主体地位，强化了对受害人的救济。民法典对于人格权设计了完整的保护制度。《民法典》第 990 条对一般人格权予以承认。一般人格权以人身自由、人格尊严为内容。在人格权编中规定一般人格权，就是要维护人格尊严，实现人的发展。民法典对一般人格权作出规定，不仅可以实现对各项人格利益的兜底保护，而

---

① ［法］孟德斯鸠:《论法的精神》（下册），张雁深译，商务印书馆 1963 年版，第 190 页。

且可以对各种新型人格利益提供保护。就各项具体人格权而言，《民法典·人格权编》的许多规则也体现了强化人格尊严保护的需要。例如，《民法典》第 1002 条在规定生命权的同时，规定的生命权的内涵不仅包括生命安全，同时也包括了生命尊严。生命尊严作为人格尊严的重要组成部分，在生命权的规定中得到了承认。"生命尊严"这一概念可扩展适用至胚胎、胎儿、遗体，对于这些特殊的存在，也必须考虑尊重尊严的问题。又如，《民法典》第 1011 条保障人身自由，禁止非法搜身，主要也是为了强化对个人人格尊严的保护。

## （二）民法典为新时代人民群众美好幸福生活提供了法律保障

进入新时代以后，经过改革开放 40 多年，人民群众的物质生活条件确实得到了极大的改善，精神需求也不断地增长，精神需求就是对民主、法治、公平、正义、安全、环境等的需求，与此同时，人们对人格尊严的要求更加强烈。在进入新时代以后，人民群众不仅仅是要求吃得饱、穿得暖，不仅仅只是满足生存的需要，现在还要求人身财产的安全得到保护，人格尊严得到维护。这就是进入新时代以后，人民群众美好幸福生活的重要内容。

民法典适应人民群众这样一个美好幸福生活的需要，主要体现在两个方面。

第一个方面，就是充分保护公民的人身权、人格权。党的十九大报告强调了要保护公民的人身权、人格权。人格权独立成编就是落实党的十九大报告所提出的任务，并且进一步地强化对公民的人格尊严的保护。在人格权编里面，第一次提出了生活安宁的概念，并且把它作为隐私的一个重要内容规定下来。维护个人的私生活安宁，其实这就是满足人们对美好幸福生活的基本需要。从几个简单的例子中可以看出民法典进一步强化了对人身权、人格权的保护。

例如，据网上报道，到外地去出差居住在酒店时，有的酒店被人偷偷地安放微型的摄像头，把客人在酒店里面的生活、起居偷录下来，有的甚至把微型的摄像头和黄色网站进行链接。这种现象在实践中已经发生，这就是对个人私生活的安宁的严重侵害，对个人隐私的严重侵害。所以民法典确认、维护个人私生活安宁，同时严格禁止偷录、偷拍、偷窥这些行为，严格禁止电信的骚扰、垃圾短信的骚扰，就是要维护老百姓的私生活的安宁。又如，信息泄露、信息倒卖等，几乎成为一种社会公害。针对这种现象，民法典在人格权编里面设置了多个条款，来强化对个人信息的保护，对于个人信息的列举非常全面。过去对个人信息的概念，只强调是能够进行一种身份识别的信息，把它列入个人信息里面来。但按照民法典的规定，不仅能够识别身份的特征的信息，而且有关个人行动的信息，也受到个人信息的保护。例如，位置信息也属于个人信息的重要内容。所以，网站不能随意地公开披露他人的位置信息，否则也是对个人信息的侵害。

针对网络侵权十分严重，网络诽谤、网络暴力、人肉搜索等问题层出不穷的局面，民法典作出了一系列的制度回应，其中最为重要的是规定了禁令制度和删除、更正制度。所谓侵害人格权的禁令，是指当侵害他人权益的行为已经发生或即将发生，如果不及时制止，将导致损害后果迅速扩大或难以弥补，在此情形下，受害人有权依法请求法院颁发禁止令，责令行为人停止相关侵权行为。《民法典》第 997 条规定了侵害人格权的禁令制度。从比较法上来看，禁令的主要功能在于及时制止不法行为，防止损害的发生或者持续扩大，对权利人提供及时的救济。在人格权遭受侵害或者有受侵害之虞时，通过颁发禁令的方式及时制止行为人的侵害行为，其虽然并不能终局性地确定当事人之间的权利义务关系，也不必然伴随着之后通过诉讼程序请求人民法院判决，但可以及时制止网络侵权的蔓延，防止损害的扩大。网络侵权不仅对自然人造成重大损害，甚至会给企业带来灭顶之灾。例如，一些竞争对手恶意污蔑其他企业的声誉和其产品的质量，一条谣言可能使其产品滞销甚至蒙受巨大损害。如果按照诉讼程序，权利救济的时间将旷日持久，甚至需要经历马拉松式的诉讼，等到最后官司终结，企业可能已经宣告破产了。如何及时制止、遏制这种行为？禁令制度就是最好的办法，这就是说原告可以依据禁令规则向法院申请颁发禁令，对该信息采取紧急措施，如采取删除、屏蔽、断开链接等，然后再进行正常的诉讼。因此，禁令制度也是实现依法治网的重要举措和有力手段。

第二个方面，就是强化对财产权的保护。财产权是人民群众获得美好幸福生活的物质保障，保护财产权其实就是保障民生。我们常常提民生，什么是民生？其实最大的民生就是财产权的保障问题，如果财产权的保障都做不到的话，就谈不上民生的保障了。针对财产权的保护，民法典新增或修订了许多规则来实现这一目标。

居住权的确立和租赁制度的完善保障了人民群众住有所居。在房价高企的情形下，住有所居日益成为人民群众对美好幸福生活的需求。但是应当如何理解人民群众住有所居的美好幸福生活的要求呢？这是不是意味着，每个人都拥有一套房子的所有权，才能是住有所居？我觉得还不能这么理解。因为在现在的条件下，要保障我们每个人都能有一套自己所有的房屋，可能短期内还是做不到的。实现住有所居，关键是保障人们享有长期稳定的居住权利。民法典中的多个制度都体现了、回应了这种需要。物权编新增了居住权制度，就有力地解决了长期稳定的居住的需要。除了通过物权的方式保护人民群众安居的权利，在合同编中，特别是在租赁合同里面，民法典也同样完善了多项制度。例如，进一步完善了承租人的优先购买权，确立了承租人的优先承租权，等等。什么是优先承租权呢？例如，现在很多年轻人到大城市来，不可能马上就买一套房子，房价这么贵，那么只能租房。但在不少地方因为供求关系的影响，有的出租人不愿意签长期租赁合同，例如只签一年，甚至有的不到一年就要涨价，这样就造成了租赁关系不稳定。承租人的租赁权不能得到保障。所以民法典专门针对这种情况规定了优先承租权，如果租赁合同到期之后，出租人要将房子继续出租的话，原来的承租人享有优先承租的权利，以此来维护租赁关系的稳定。

民法典还用了多个条款来保障业主的权利，维护业主的权利主要就是维护业主的财产权。合同编专门设置了物业服务合同这一章，把它作为典型合同加以规定，其中有多个条款都涉及对业主权利的保护问题。在物权编里面，专门把业主的建筑物区分所有权作为一章规定，详细规定了业主享有的各项权利。还增加了共有财产收益的分配问题。物业服务企业如果用业主的共有财产去从事诸如广告等营利行为，物权编明确规定了这些收益在扣除必要费用后都应该属于所有业主共有。

所有这些都表明了民法典的编纂和颁布，就是要顺应人民群众对合法权益保护的新要求，真正形成了更加完备、更加切实的民事权利体系。使人民群众享有更多、更直接、更实在的获得感、幸福感和安全感。

## （三）民法典回应了科技发展所提出的新问题

21 世纪是一个互联网、高科技的时代，互联网深刻地改变了我们的生活方式、生产方式，这是一个高科技爆炸的时代，也是一个大数据的时代。有一个美国学者，分析了几十种高科技的发明，例如 GPS 卫星、红外线扫描、远距离拍照等后认为，这些高科技几乎都有一个共同的副作用，这就是对于个人隐私和个人信息的威胁。例如，过去科幻小说曾经描写的故事，苍蝇下面绑着一个摄像头，进入他人家中，偷偷地拍摄，今天无人机技术的发明已经使它成为现实。这些高科技的发明在给我们人类带来了巨大福祉的同时，也使得我们每个人都成了一个透明的人，所以这位美国学者说隐私实际上已经不再存在了。在这个时代，我们每个人都成了一个裸奔的人。为什么说是一个裸奔的人呢？他认为大数据的发明，不仅可以了解我们的过去，可以分析、知道我们的现在，还可以预测我们的未来。因此，在互联网、高科技和大数据时代，法律遇到的最严峻的挑战，就是怎么强化对个人隐私和个人信息的保护。而这也正是民法典要单独设置人格权编的原因，即全面地回应互联网、高科技、大数据时代的要求。民法典中的多个条款都体现了这一方面的内容。

除了刚才提到的生活安宁权，《民法典·人格权编》里面专门规定了禁止深度伪造。禁止深度伪造是什么意思呢？人脸识别技术、语音识别技术、图像声音处理技术等的发展，催生了 AI 换脸技术，只要弄到一张某人的照片，就可以和黄色网站、黄色影片中的主人公的角色联系起来，把某人的头像和黄色网站上的人物进行换脸。这就出现了一种说法，"一张照片在手，出演天下好戏"。而且换脸技术今天已经相当成熟，换脸之后的影片甚至真假难辨。大家想一想，这种高科技的发明，对于我们个人的肖像和隐私带来的可能的侵害是多么可怕。目前，由于"溯源防伪"和"反向破解"等技术手段尚不成熟，单纯依靠技术手段尚不足以应对深度伪造的行为。因此，针对这一问题，人格权编第 1019 条规定："任何组织或者个人不得以丑化、污损，或者利用信息技术手段伪造等方式侵害他人的肖像权"。这就通过立法的方式对深度伪造行为予以禁止，防止自然人的肖像权遭受信息技术手段的侵害。民法典之所以专门规定了禁止深度伪造，禁止 AI 换脸，实际上就是在回应人工智能的发展给肖像权、隐私权带来的挑战。

民法典还确立了从事人体基因、人体胚胎科研活动的底线规则。21 世纪是生物技术时代，生物技术运用得好，将会造福人类，而一旦被滥用，就会严重损害人类福祉。人体基因、人体胚胎的科研活动对于生物学和医学研究具有重要意义，但是这些研究与人格尊严联系紧密，因而需要在规范的指导下展开。近年来，一些医疗机构和科研机构在从事有关人体基因和人体胚胎的研究活动中，因缺乏必要的规范，引起社会的广泛关注。大家知道，前几年曾出现了轰动全国的基因编辑案。这个案件之后也引起大家的反思，人体基因实际上就是我们每个人的生物识别信息，是个人非常重要的敏感的信息。它不仅仅是关系他个人，还关系到他的家庭成员，关系到他的后代，甚至我们说这种人体基因关系到一个国家、一个民族的利益。因为编辑人体基因，它关系到成千上万人的健康等的保护问题。人体基因库一旦污染，造成的后果是不堪设想的，甚至可能损害代际利益。针对这一问题，《民法典》第1009条设定了关于人体基因、人体胚胎相关科研的"一个应当三个不得"的底线规则，"一个应当"是指应当要合法，"三个不得"是指不得危害人体健康、不得违背伦理道德、不得损害公共利益。这实际上就确定了法律的红线，从而为人体基因、人体胚胎等的研究，设置了基本的规范，将来可能还需要有关的特别法按照这样一个原则再具体地展开，做更加详细的规定。

人格权编里面还有很多的条款，都涉及适应互联网、高科技时代的要求，对人格权等权利的保护问题。例如，随着人工智能、语音识别技术的发展，声音权的保护会越来越重要。前几天我就看到网上报道，某电视台主持人发布声明说，网络上出现的他的商业广告，虽然声音听起来是他说的，但是其根本没有发布过这些内容。这段视频实际上就是通过人工智能将他人的头像和他人的声音进行嫁接而来。这段视频看起来好像是这名主持人在讲话，但实际上根本不是他想表达的内容。这样看来，声音在今天作为一种人格利益来保护也非常必要。所以，人格权编还专门规定了对声音也要予以保护，这就反映了人工智能时代的特殊要求。除了上面提到的几点，事实上民法典中还有很多其他的规定也反映了高科技时代的需求，我就不一一展开了。

## （四）民法典回应了资源环境恶化带来的环境生态保护的时代需求

21世纪是一个面临严重的生态危机的时代，生态环境日益恶劣使得人类的生存与发展的环境不断受到严峻的挑战。有学者做过调研，认为民生保障面临的重大之患之一就是大气污染、黑臭水体、垃圾围城等环境问题，这是持续存在的民生之患。这些民生之患对人民群众美好幸福生活的实现带来了妨害。所以，习近平总书记讲，良好的生态环境是最普惠的民生福祉。保护好环境也是保护民生，也是实现今天人民群众美好幸福生活的重要内容。所以民法典用了多个条款回应了这个时代需求。在侵权责任编中，专门增加了对生态破坏的责任。原《侵权责任法》只是规定了环境污染的责任，没有规定生态破坏的责任。这次新增加了生态破坏责任，并且对破坏生态的责任的确定、范围，都做了非常细化的规定。比如，生态修复要支付哪些费用均在民法典中得到明确；如果行为人不愿意修复，还可以由别人代替行为人修复，但是最终要行为人支付费用。在侵权责任编中，专门针对故意违反国家规定，污染环境、破坏生态，造成严重后果的行为，规定了惩罚性赔偿，以此解决长期以来在环境保护这个领域困扰我们的违法成本低、执法成本高的问题。例如，一个企业排污导致生态破坏，可能污染了整个河流，甚至几十年都难以自行修复，即便处罚100万、200万元，但是相较于获益而言可能根本是不疼不痒的，违法成本很低。所以对这种故意违反国家环境、生态保护的规定，造成严重后果的，要实行惩罚性赔偿。这就回应了我们的环境保护的需要、生态保护的需要。

## （五）民法典回应了风险社会的时代需要

我们所处的是一个风险社会，科技和经济的发展在带来福祉的同时，也使得风险无处不在。所以民法典必须要回应风险时代中应当如何为受害人提供救济以弥补损害的问题。我们的侵权责任编之所以要独立成编，就是要反映风险社会的需要，要通过一整套系统、完备的有关侵权责任的规范，来强化在风险社会中对受害人的保护和对不法行为人的制裁。

在这里，我举一个典型的例子，就是高楼抛物致人损害。实践中已经出现了大量的案例，有的从楼上抛出菜刀，抛出切菜板，抛出玻璃，还有抛出建材等各种材料，最后造成路人、行人重大的人身伤害甚至死亡。相较于普通的侵权而言，高楼抛物致人损害的一个重要特点在于，在发生事故之后，行为人难以查证，从而成了一个威胁老百姓"头顶上"安全的问题。

针对这一问题，侵权责任编对《侵权责任法》做了重大的修改、完善。按照侵权责任编的规定，首先，明确要求每个人都负有不得从建筑物抛掷物品的义务。这不仅仅是一个道德义务，同时更是一个法律义务，违反这种义务就要承担法律责任。其次，发生了高楼抛物致人损害的事件之后，侵权责任编强调有关机关应当依法及时调查，查清责任人。过去发生了这种高楼抛物致人损害的案件之后，受害人到法院打民事官司，有的部门就说这是民事案件，你自己去调查，自己去收集证据，自己去举证，自己去找行为人。但是受害人在楼下走路，根本不可能抬头看楼上是什么情况，往往不可能知道抛掷物品的是哪一家哪一户，所以通常无法调查，最后因找不到行为人，有的法院就判受害人败诉，受害人常常无可奈何。所以侵权责任编明确规定有关机关特别是公安机关有义务去调查，这十分必要，因为这已经涉嫌犯罪而不是单纯的民事责任问题。再次，物业要承担起责任。物业承担什么责任呢？要承担违反安全保障义务的责任。过去人们普遍认为这个问题好像不是物业该管的，但我们认为这正是物业应当管的事情。多年以前，曾经有一个高楼抛物致人损害的案件，找我进行咨询。当时我认为，物业应当承担一定的责任，后来法院也判决物业要承担责任，虽然承担的责任不是很重，但仍然肯定了物业的责任。结果物业马上买了几个监控摄像头，装到楼的外墙面。装上去以后，本来那个楼经常发生从楼上抛掷物品的现象，结果物业装了探头之后，再没有发生这种从楼上抛掷物品的行为了。这就说明物业尽到安全保障义务，对于避免损害发生是非常重要的。如果物业没有尽到这个义务，就要承担责任。最后，如果实在无法找到加害人，那么就要由可能加害的建筑物使用人（主要是业主）承担适当的补偿责任。

## （六）民法典有效地反映了改革开放的新情况、新问题，回应了市场经济的发展需要

民法典针对改善营商环境进行了一系列的制度设计。其中最为典型的就是物权编中的担保制度。原《物权法》对抵押财产登记信息要求过于详细、复杂，与世界银行制定的"营商环境报告"的评分标准不符，物权编简化了抵押合同中抵押财产状况的信息要求，只需要对"抵押财产的名称、数量等情况"予以说明即可，

这使得抵押登记更为便捷和高效。物权编还删除了动产抵押登记机关的规定，致力于统一动产抵押登记机构。这些变化为进一步改善营商环境，便利获得融资提供了基础。民法典适应农村改革的需要，完善了土地经营权制度，并与"三权分置"相衔接。民法典还规定，如果流转期限为 5 年以上的土地经营权，可以向登记机关申请登记。我认为在登记之后，它就不再是一个债权，而是具有物权效力的权利了，这就为经营权的保护提供了很重要的制度保障。

民法典还回应了市场经济发展的一些新情况、新问题，在合同编里面用了大量的规则鼓励交易，维护合同当事人的合法权益，维护交易的安全秩序。例如，近几年来，金融领域出现了大量的非法放贷、套路贷、校园贷等问题，因 P2P 网贷引发的社会纠纷层出不穷，严重扰乱了社会秩序和金融秩序，也在一定程度上损害了实体经济；且因为一些网贷平台资金断裂，导致不少投资者血本无归，引发了一些严重的社会问题。《民法典》第680 条明确禁止高利放贷行为，明确规定借款行为不得违反国家有关规定。当然，该规则施行后，还需要法律、司法解释进一步明确高利放贷的标准。这些都为市场经济的发展提供了有力的法律保障。

最后，我想说的是，民法典可以说顺应了时代发展的要求，体现了与时俱进的时代精神，从中国实际出发，在借鉴两大法系经验的基础上，构建了大量的具有中国特色的制度和规则。所以，我们的民法典应该说是一部良法。但是民法典的生命力还是在于实施。古人讲："天下之事，不难于立法，而难于法之必行。"因此更大的难度还在于怎样实施民法典。所以，在民法典颁布之后，我衷心地期盼：我们要正确地理解民法典，准确地适用民法典，真正地把这样一部良法从纸面上的法律转化为行动中的法律，为国家经济的发展、社会的进步，为国家的长治久安，为全面依法治国蓝图的实现，提供重要的制度保障。

好，因为时间关系，我今天就讲到这里，谢谢大家！

# 第二讲

# 民法典如何回应"中国之问"和"时代之问"?

## 王　轶

中国人民大学法学院院长

中国法学会民法学研究会副会长兼秘书长

中国法学会民法典编纂项目领导小组成员兼秘书长

各位朋友晚上好！

2020 年 5 月 28 日，让我们记住这个日子，这是一个注定会在中华人民共和国的法治发展史上，写下浓墨重彩一笔的日子。我们有理由相信，这也应当是在人类法律文明发展史上，写下重重一笔的日子。《中华人民共和国民法典》高票表决通过，它一方面体现出我们这个国家、民族凝聚共识的能力，这是一个国家、一个民族软实力的核心；另一方面，高票表决通过，相信也足以告慰那些共和国法治星空上闪闪发亮的学术星辰，包括中国人民大学法学院已经去世的，被称为"新中国民法学奠基人"的佟柔先生，北京大学法学院已经去世的魏振瀛先生，中国社会科学院法学研究所已经去世的王家福先生，等等。三位先生和已经 90 岁高龄的江平先生，由于他们在《民法通则》起草过程中发挥了无可替代的重要作用，被尊称为"民法四先生"。在共和国的法治星空上，还有中国社会科学院法学研究所已经去世的谢怀栻先生，中国政法大学已经去世的杨振山先生，吉林大学法学院已经去世的陈国柱先生，兰州大学已经去世的吴文翰先生，西北政法大学已经去世的寇志新先生，中国人民大学法学院已经去世的杨大文先生、郑立先生，等等。当然，还有即将 98 岁高龄的金平先生，和多位"90 后""80 后"，如中国人民大学法学院赵中孚先生、刘素萍先生，中南财经政法大学李静堂先生、罗玉珍先生，武汉大学法学院余能斌先生，中央民族大学法学院崔洪夫先生，北京航空航天大学法学院刘春茂先生，北京大学法学院朱启超先生，等等。我想，民法典的高票表决通过，足以让这些新中国的第一代民法学家们感到欣慰。

围绕《中华人民共和国民法典》，我今天想重点交流的内容是，民法典如何回应中国之问和时代之问？我们知道，在成文法的法律传统之下，并不要求一个国家、一个民族一定要起草或者编纂一部民法典，但是当一个国家、一个民族，决定要进行民法典的起草或者编纂的时候，这个国家、这个民族一定是想通过这部民法典，来表达其对人类所面对的一系列基本问题的看法。我们编纂完成的这部《中华人民共和国民法典》，就包含着我们这个民族的精神密码，就是通过表达我们对人类所面对的一系列基本问题的看法，来回应中国之问和时代之问。

我们对中国之问和时代之问的回答，就包含在我们借助民法典所表达的，对人类所面对的一系列基本问题的看法中。人类所面对的一系列的基本问题，如果做一个简单的梳理，核心包括以下几方面内容：我们是如何看待人的？我们是如何看待家的？我们是如何看待社会的？我们是如何看待国家的？我们是如何看待人类的？我们是如何看待自然的？

让我们走进《中华人民共和国民法典》，去看一看面对着这些基本问题，民法典究竟如何回应了中国之问和时代之问。

# 一、民法典如何看待人

如何看待人？这是在成文法的法律传统之下，任何一个国家和民族进行民法典的起草或者编纂，首先要回答的一个问题。如果说制定于近代的那些具有世界性影响的法典，以及我们国家在改革开放之初相继制定颁布的民事基本法和单行的民事法律，适应特定历史阶段的社会经济环境、国家和民族的发展目标，对人的定位，主要是期待人能够成为推动民族国家经济发展的主体的话，那我们打开《中华人民共和国民法典》就会看到，这部法典对人的看法，发生了相当重大的改变。得益于新中国成立 70 多年，尤其是改革开放 40 多年以来几代中国人接续不断、艰苦卓绝的奋斗和努力，绝大多数中国人的温饱问题都已经得到了稳定和有效的解决。我们再去看待人的时候，基于这样的物质基础，首先是把人定位为推动实现自身自由和全面发展的主体，然后才是实现一个国家、一个民族所追求的其他的发展目标的主体。这一点，在《中华人民共和国民法典》中，有相当全面和广泛的体现。

我们从《民法典·总则编》谈起。《民法典·总则编》第 2 条在确立民法的调整对象时，就作出了跟 1986 年 4 月 12 日颁布、1987 年 1 月 1 日施行的《中华人民共和国民法通则》，这部同样在新中国的立法史上具有里程碑意义的民事基本法，不尽相同的法律表达。《民法典·总则编》第 2 条："民法调整平等主体的自然人、法人和非法人组织之间的人身关系和财产关系。"人身关系在财产关系之前，但是回首《中华人民共和国民法通则》第 2 条，"中华人民共和国民法调整平等主体的公民之间、法人之间、公民和法人之间的财产关系和人身关系"。同样是关于民法调整对象的规定，财产关系在人身关系之前。当年的民法通则最重要的民法学理论支撑，就是以佟柔先生为代表的老一辈民法学家提出并且进行了精彩阐述的商品经济民法观。民法通则的主要功能，是在改革开放的初期阶段，解决中国人吃饱穿暖的问题，它要成为推动社会主义商品经济发展的法治保障。《中华人民共和国民法典》之所以在总则编第 2 条，把人身关系放在财产关系之前，就是因为当我们来到 21 世纪第二个和第三个十年的交汇期，人民对美好生活的向往最为核心和关键的内容，已经从吃饱穿暖变成了人身自由、人格尊严的确认和保障。民有所呼，法有所应，《中华人民共和国民法典》有关民法调整对象所作的法律表达，就包含着这部民法典对人的看法。与此相呼应，在《民法典·总则编》第五章，有关民事权利的规定，最初的几个条文都是对人格权益、身份权益进行确认和保障的法律规则，随后才是对财产权益进行确认和保护的规定。

当然，在如何看待人的问题上，最值得关注的还是这部民法典在编排体例上的一个重大创新，那就是独立成编的人格权编。在人格权编中，不仅仅对民事主体，尤其是自然人的生命权、身体权、健康权、姓名权、肖像权、名誉权、荣誉权、隐私权等人格权进行了周到的确认和保障；同时，对与人身自由和人格尊严有关的人格利益，也进行了相应的确认和保障。在

《民法典·人格权编》对于个人信息的保护中，就能够找到对应的法律体现。一个独立成编的人格权编，就是在集中表达我们的民法典对人的看法，只有人身自由、人格尊严得到了法律的确认和保障，人才有可能成为推动实现自身自由和全面发展的主体。与此相关，在《民法典·侵权责任编》中，还能够看到关于自甘风险的规定。自甘风险的规则，就是鼓励人们去进行探索创新，甚至合理范围内的冒险，我们的民法典希望每一个个体的生命都是生机勃勃的生命。这就是我们的民法典对人的看法，它体现着我们这个国家和民族，站在 21 世纪第二个和第三个十年的交汇期，对人类所面对的最为基本的问题的看法。

## 二、民法典如何看待家

如何看待家？民法典表达我们中国人对家的看法，可以分成两个方面。

第一个方面，在我们中国人的心目中间，家是什么？夫妻就是家吗？三口之家就是家吗？四口之家就是家吗？在民法典的总则编、婚姻家庭编、继承编，包括物权编中，都能够找到对这个问题的回答。我们中国人心目中的家，与这个世界上很多国家、民族，对家的看法都不尽相同。我们中国人所理解的家，不仅仅是夫妻双方，不仅仅是三口之家或者四口之家，祖父母、外祖父母、孙子女、外孙子女、兄弟姐妹，甚至兄弟姐妹的子女，他们都是家的成员。这一点，在民法典的多个条文中间，都能够找到相应的答案。民法典的继承编扩大了继承人的范围，体现在哪里？就体现在代位继承制度上。如果在被继承人去世以前，被继承人的兄弟姐妹已经先于其去世，被继承人兄弟姐妹的子女，可以进行代位继承。这就表明，兄弟姐妹的子女也是这个家的成员。在民法典的婚姻家庭编有关家庭关系的规定中，除了对夫妻关系作出规定外，对父母、子女、近亲属的关系也作出了专门的回应。这就是我们中国人对家的看法，不仅仅是指那个小家，也指那个大家；不仅仅是指家庭，也指家族。

第二个方面，如何协调家庭成员之间的关系？在民法典的总则编和各分编中，都有相应的规则来表达我们对如何协调家庭成员之间关系的看法。先从夫妻之间关系协调谈起，在《民法典·婚姻家庭编》中，有专门的一章对家庭关系进行调整，首先回答的就是夫妻关系，夫妻应当是这个世界上联系最为紧密的命运共同体。在十三届全国人大第三次会议期间，对民法典草案进行审议时，有多个媒体朋友曾经问我一个问题：夫妻之间工资条算隐私吗？在回答这个问题的过程中，我也表明了自己的观点。从法律上讲，如果夫妻是实行共同财产制，任何一方的工资条，都不应当属于私密信息，因为在夫妻关系存续期间获得的工资收入，当然是夫妻共同财产的重要组成部分。但如果夫妻双方约定采取分别财产制，那么工资条就算是在夫妻之间也可能会构成私密信息，是隐私权保护的对象。这只是从法律上讲，但事实上，我们的法律当然也鼓励夫妻之间是更为坦诚、更为密切的一种生命上的关联，就算采取夫妻分别财产制，夫妻中的一方完全可以向另一方公开自己的工资条，与自己的配偶分享自己的工资收入情况，当然，这要取决于他（她）的个人意愿。对夫妻关系确认协调的规则，在民法典的婚姻家庭编中还有其他多处体现。例如，对夫妻共同债务的认定，确立了体现中国人所分享的价值共识的结论，这个结论的核心包括三项内容。第一，如果是夫妻双方共同签名认可，或者虽然只有夫妻中的一方签名，而另一方事后进行追认，或者以其他方式表明了夫妻双方的共同意愿，则此时负担的债务当然属于夫妻共同债务。第二，如果夫妻中的一方以个人名义负债，但其是服务于夫妻关系存续期间家庭日常生活的需要，则此时负担的债务也属于夫妻共同债务。第三，如果夫妻中的一方以个人名义对外负债，即使是在夫妻关系存续期间，却超出了家庭日常生活需要的范围，则通常不作为夫妻共同财产对待；但如果债权人能够举证证明，夫妻一方对外所负担的债务，是用于夫妻双方的共同生活、共同的生产经营，或者有证据表明是夫妻双方共同意愿的体现，此时才例外地将其认定为夫妻共同债务，这同样是对夫妻关系进行协调的一个重要的法律规则。

对于父母、子女之间的关系，我们的民法典在总则编和婚姻家庭编，也都表明了进行协调的立场和态度。总则编在有关监护制度的规定中强调，父母对未成年子女，要尽到抚养、教育、保护的义务，而成年子女对父母要尽到赡养、扶助和保护的义务，这不就是我们中国人头脑中根深蒂固的父慈子孝在民法典中一个具体的体现吗?! 当然，社会主义核心价值观之下的父慈子孝与封建时代的父慈子孝有着根本区别，我们是在承认每个家庭成员的独立人格和平等地位基础上的父慈子孝。在全国人民代表大会对民法典草案进行审议期间，我注意到，有人大代表提出，对8周岁以上的未成年人，如果他们对相关的事项表明了自己的独立意愿，就要尊重他的独立意愿。这不正是在尊重每个家庭成员的独立人格、自由意志基础上的父慈子孝吗?!

对于兄弟姐妹之间的关系，民法典也作出了明确的回应。兄弟姐妹之间的关系，我们提倡友爱相处，所以在《民法典·继承编》中规定，不仅兄弟姐妹可以成为法定继承中的继承人，兄弟姐妹的子女也可以基于代位继承制度，继承被继承人的遗产，这不就是对兄弟姐妹之间的关系所作的回应吗?!

对于祖父母、外祖父母、孙子女、外孙子女，《民法典》同样在婚姻家庭编作出了相应的回应，要敬老爱幼，尊重年事已高的老人，尊重尚在幼年的孩童，这就是我们对于家庭成员之间的关系所作出的回答。《民法典·总则编》中还专门有一项规则，请求支付抚养费、赡养费和扶养费的请求权，不适用诉讼时效。抚养费、赡养费、扶养费，为什么不适用诉讼时效制度，一定有自己坚强的理由。这个理由就是，家是社会最基本的单元和细胞，家庭关系不同于通常情形下人与人之间的社会交往关系，我们对家是另眼相看、特别对待。

在本次民法典草案进行审议的过程中，还有一个引起热议的话题，就是协议离婚制度中的冷静期制度。我身边一些年轻的同事以及我指导的一些年轻学生，对冷静期制度也都直言不讳地表达了自己的想法和意见。但我认为，之所以在《民法典·婚姻家庭编》中，仍然保留冷静期制度，那不正是考虑到家对于我们中国人异乎寻常的意义和价值吗? 不要说我们今天所遵从的社会主义核心价值观了，即使对中国古代的知识分子来讲，他们都会念念不忘: 格物致知，诚意正心，修身齐家，治国平天下。作为社会最基本的细胞和单元，没有家的和谐稳定，怎会有社会的和谐稳定？没有社会的和谐稳定，个人的自由又从何谈起？对于这样的问题，如果能够从"民法典是如何看待家"的角度进行观察，我们就能更容易找到问题的答案。

# 三、民法典如何看待社会

我们这个国家和民族借助民法典的编纂，要回答的时代之问和中国之问，当然包含着如何看待社会。就这一问题，同样可以从两个不同的侧面入手去进行观察。

第一个侧面，我们究竟处在一个什么样的社会阶段？首先要看社会是什么。广义的社会是包括家在内的人与人之间的社会交往关系，狭义的社会是家庭之外的人与人之间的社会交往关系。人与人之间的社会交往关系，总是在一个历史的大幕之下展开的。那么我们究竟处在一个什么样的社会阶段？面对着方兴未艾的新一轮的科技革命和产业变革，每个中国人都会有一个共同的感受，就是人类又来到了一个重要的文明转型期，我们正在从工业文明迈向信息文明。这就是我们所身处的时代，以及所处的社会的历史阶段。《中华人民共和国民法典》对此有充分的估计和认识，并且立足于中国人今天所分享的价值共识，作出了及时和全面的回应。

《民法典·总则编》第127条规定："法律对数据、网络虚拟财产的保护有规定的，依照其规定。"数据是什么？网络虚拟财产又是什么？当人类尚处在原始文明阶段、农业文明阶段、工业文明阶段，恐怕真的不知道数据、网络虚拟财产为何物。当人类从工业文明迈向信息文明阶段时，数据和网络虚拟财产，成为两种日益重要的财产类型。有这样一个广为流传的说法：如果说人类的工业文明阶段，能源是煤炭和石油的话，人类的信息文明阶段，能源就是数据。而且数据不仅仅是可以与煤炭、石油并肩的一种新类型的能源，它更有自身的特性，可以复制和共享，而且不像煤炭和石油那样，使用了就被消耗掉，数据越用会催生越来越多的数据，这是一种会随着人类的活动逐步扩大自身体量的新型能源。民法典对数据作出了初步的回应。恐怕今天在我们每个中国人的社会生活或者工作中间，不与网络虚拟财产打交道是很难想象的，网络虚拟财产成为中国人今天越来越重要的财产类型。因此，《民法典·继承编》增设了遗产管理人制度，其中就有一个非常重要的考量，当被继承人留下的遗产中有网络虚拟财产权利、数据权利时，如果能够以遗产管理人制度作为通道，引入专业机构和专业人士参与遗产的管理和分配，可能遗产继承的进程会更加顺畅，这是总则编作出回应的一个方面。总则编第五章有关民事权利的规定中对于个人信息保护作出了初步的回应，这当然也是对人类从工业文明迈向信息文明阶段提出的新问题和新要求所作出的回应，是对我们今天身处什么样的社会阶段所作出的回应。

民法典在合同编中，专门设计了电子合同的订立规则和履行规则。电子合同的履行规则中，如果当事人订立的合同，标的物的交付是要通过在线传输的方式进行，那么何时算是交付标的物？《民法典·合同编》第一分编第 512 条第 2 款作出了这样的规定，"电子合同的标的物为采用在线传输方式交付的，合同标的物进入对方当事人指定的特定系统且能够检索识别的时间为交付时间"。如果我们不是来到了一种新的文明形态，农业文明、工业文明阶段会有这样的交付方式吗？

同样，在《民法典·人格权编》中，我们更对人类今天所处的这个社会是一个什么样的社会阶段，作出了及时的回应。所以我们能够看到，在农业文明和工业文明阶段，未必会得到法律保护的公开信息，特别是自然人的公开信息，在信息文明时代，在互联网、大数据、云计算的背景下，被放在一个相当突出和重要的地位，去予以回应、予以关照；我们还看到了有关通过信息技术换脸这样的社会问题，从保护肖像权的角度作出了回应；有关对声音要适用肖像权的规则去进行保护的规定；对从事与人体基因、人体胚胎有关的医学或者科学研究活动，要定规矩、立规则。这些回应，都是人类进入到一个新的文明阶段才会有的规则。在《民法典·侵权责任编》中，完善了网络侵权的相关法律规则，就是因为当我们从工业文明迈向信息文明时，这是一种日益困扰人们日常生活的侵权的类型和形态，需要作出相应的回应。这就是我们如何去看待社会首先涉及的一个侧面，我们应当回答，今天我们处在一个什么样的社会阶段。

如何看待社会的另一个侧面，就是民法典在协调人与人之间的社会交往关系时，秉持着什么样的立场和态度？这是我们这部民法典重点要去回答的一个问题，因为民法典有一个美誉，它被称为"社会生活的百科全书"，从这个美誉中可以看出，对人与人之间的社会交往关系确立协调的规则，是民法典承担的最为核心和关键的一项使命。民法典如何协调人与人之间的社会交往关系？

首先需要注意的是，《民法典·总则编》在民法的基本原则中，确定了自愿原则，而且使自愿原则在各项民法的基本原则中，处于最为核心和关键的地位，这意味着什么？意味着对人与人之间的社会交往关系，如果仅仅涉及民事主体私人利益关系的安排，我们会尊重他们在交往中平等协商、自主决定的结论。这一点，有很多具体的法律体现。举例来说，今天有 8 亿中国人生活在城市里边，通常都住在商品房小区中，这是一个相当惊人的数字。如何对业主与业主之间的利益关系、业主与物业服务企业之间的利益关系进行协调？《民法典·物权编》在业主的建筑物区分所有权中，秉承了一项重要准则，即业主自治。业主自治是社会治理的一种重要方式，涉及业主与业主之间利益关系安排的事项，业主与物业服务企业之间利益关系安排的事项，商品房小区中公共事务所涉及的事项，由业主通过参与表决、形成决议的方式，作出相应的决定。因此《民法典·物权编》中有关业主的建筑物区分所有权，相对于《中华人民共和国物权法》确立的规定，有重要的改变和调整，表现在对涉及业主公共事务的事项，降低了业主经由表决形成决议的门槛。为什么这么做？就是希望业主自治能够更容易、更便利地得以实现。只有对小区的公共事务关心了，才会对社会公共事务保持着一份积极参与的态度，才会去关心社会公共事务，每一个个体才会成为更有社会责任感的人。所以在民法典 1260 个法条中，绝大多数条文协调的是民事主体之间私人利益关系的安排。我们尊重当事人的自主决定，允许当事人经过自己的特别约定，排除法律规定的适用，所以民法典中不时可以看到这样的表达，"当事人另有约定的除外"，或者"当事人另有约定，或者另有交易习惯的除外"等，这就是尊重当事人意愿的体现。

在人与人的社会交往中，自愿原则是民法典所采取的一项协调原则，除此以外，平等、公平、诚实信用、公序良俗等，也都是对人与人之间的社会交往进行协调要遵循的基本的准则。在《民法典·合同编》中，认可了此前在司法解释中得到认可的一项规则，并且拓展了它的适用范围，这就是学说上所说的"情势变更制度"。情势变更制度，说起来似乎很抽象、专业，其实与每个人的生活、工作可能都有关联。就以仍然在全球范围内肆虐的新冠肺炎疫情为例，由于新冠肺炎疫情及其防控措施或者应急处置措施，会对通过合同进行社会交往的当事人产生影响。这种影响可能是多方面的，一种可能的影响是，合同的一方当事人继续进行合同义务的履行，变得异常艰难，继续按照原合同的约定履行，就会显失公平，如何对于这样的情形作出相应的回应？《民法典·合同编》情势变更制度作出的回答是，给陷于履行艰难的当事人再进行一次协商和谈判的机会，根据疫情及其防控措施，或者应急处置措施带来的影响，作出新的安排。如果对方不愿谈判，或谈判不能达成一致意见，履行艰难的当事人可以请求法院或者仲裁机构，对当事人之间的利益关系作出变更，这就是情势变更制度。这就是公平原则的体现，当然，也有自愿原则在背后发挥作用。这是一种对人与人之间的关系去进行协调的具体规则，其折射出的理念是，社会交往中的人与人之间不应是锱铢必较的利益对立方，当新冠肺炎疫情来临时，应当是休戚与共的命运共同体，因此要去共担这样的损失和风险，此即情势变更制度的初衷和意旨所在。民法典对人与人之间的社会交往进行协调，还有涉及诚实信用、公序良俗等很多具体的方面，在此不一一赘述。

# 四、民法典如何看待国家

在世界大同之前，我们每一个单个的个体，都还是生活在一个特定的民族国家之中。从民法典的总则编和各分编所确立的法律规则和原则中可以看到，就如何看待国家，其表达了这样一个鲜明的立场和态度：即当国家不能出场时，国家不得越位；当国家必须出场时，国家不得缺位。如何理解这样的两句话？在此结合民法典中具体的规则展开，进行简要的分析和说明。

第一个方面，国家不能出场时不得越位。在《民法典·总则编》有关民事法律行为的规定中，有一款重要的规定，即认定民事法律行为绝对无效的规定。《民法典》第153条第1款规定："违反法律、行政法规的强制性规定的民事法律行为无效。但是，该强制性规定不导致该民事法律行为无效的除外。"什么叫"强制性规定"？法律和行政法规上的强制性规定，一定是确认、保障、维护公共利益的法律规定，而它确认、保障、维护的公共利益，有一项重要的内容，就是国家利益。这项规定，就是在表明这样一个立场和态度：如果民事主体所实施的民事法律行为，违反了法律、行政法规的强制性规定，这就意味着它有可能会损害国家利益，此时，国家就可以动用公权力，干涉民事主体之间的社会交往。但也只有在当事人所实施的民事法律行为违反法律、行政法规的强制性规定时，才能据此动用国家公权力，干涉民事主体之间的社会交往。而且，当能够动用国家公权力干涉民事主体之间社会交往时，必须秉承手段和目的相称的法治原则。

曾有一个案例引起了人们的广泛关注，某地有一家房地产开发企业，开发了一个项目，由于缺少流动资金，在还没有拿到商品房预售许可证的情况下，就开始订立商品房的预售合同，两年过后，该企业向法院提起诉讼，以在自己和买受人订立商品房预售合同时，没有取得商品房预售许可证，违反了《中华人民共和国城市房地产管理法》第 45 条第 1 款第 4 项的强制性规定为由，请求法院确认合同无效。在提起这个诉讼时，当地的房价在过去两年多的时间内上涨了三倍之多。一审法院认定合同无效，舆论哗然；二审法院改判，认定合同为生效合同，得到了人们的赞同。这个生活中的真实案例，表明什么？就算违反法律、行政法规的强制性规定，"但是，该强制性规定不导致该民事法律行为无效的除外"。有时，违反法律、行政法规的强制性规定，动用国家公权力干涉民事主体的社会交往，未必是通过认定民事法律行为，认定商品房预售合同无效的方式来进行干涉的，而是对没有取得商品房预售许可证就预售商品房的房地产开发企业进行行政处罚的方式，来进行干涉的，这就是手段和目的要相称的比例原则的要求。

对于动用国家公权力介入民事主体之间的社会交往，有一个足够充分且正当的理由，那就是为了公共利益的需要。所以在《民法典·物权编》有关征收和征用的部分，可以看到这样的法律规定，第 243 条第 1 款规定，"为了公共利益的需要，依照法律规定的权限和程序可以征收集体所有的土地和组织、个人的房屋以及其他不动产"。征收有一个前提条件，"为了公共利益的需要"，不是为了公共利益的需要，则不能动用国家公权力干涉民事主体之间的社会交往。

第二个方面，国家必须出场时不能缺位。人民的政府当然是为人民的政府，人民的国家当然是为人民的国家，围绕着监护人的确定出现争议时，需要通过指定监护的方式来确定监护人，但是在指定之前，如果被监护人需要有人对其进行照管时，《民法典·总则编》的监护制度中明确规定，民政部门可以担当临时监护人的角色。如果由于突发事件，导致监护人无法履行监护职责，被监护人一时衣食无着或生活困难，《民法典·总则编》同样作出了明确的规定，民政部门可以安排必要的临时生活照料措施。这样的规则其实也是对包括新冠肺炎疫情及其防控阶段，一些具体的生活事例所作出的回应。如果监护人没有很好地履行自己的监护职责，严重损害被监护人的合法权益，民政部门可以通过提起诉讼的方式，撤销监护人的监护资格。民政部门在行动，就是在动用国家公权力，积极主动地保障应受法律特别保护的那些弱势群体的利益。

再如，高空抛物致人损害，确定加害人是相当困难的一件事情，物品自高空坠落致行人遭受损害，行人如何举证证明具体的加害人？哪个人在走路时不是看前边的路，而是抬头看天，看旁边的建筑物？一旦有物品自高空坠落，行人在被砸时还要准确判断出物品到底是从几楼坠落，从哪个窗户扔出，这不是对人的一种苛求吗？那么如何去找到加害人？《民法典·侵权责任编》明确要求公安等机关，要依法履行自己的职责，确定具体加害人。找到了加害人，其就应该进行侵权责任的承担，甚至受到行政处罚，构成犯罪的还要追究刑事责任。在需要国家对民事主体进行服务时，国家必须出场，是不能够缺位的。这就是我们的民法典对国家的看法。

# 五、民法典如何看待人类

民法典同样表达了我们对人类的看法。可以看到，《中华人民共和国民法典》相对于《中华人民共和国民法通则》在概念的使用上有一个重要的改变，民法通则使用的是"公民"或者"公民（自然人）"的表达，而民法典自始至终使用的都是"自然人"。"自然人"和"公民"之间的区别是什么？一般来讲，公民是指具有一国国籍的人，而自然人就是指生物学意义上的人，就是指作为类的人。《中华人民共和国民法典》没有使用"公民"或者"公民（自然人）"，而是使用了"自然人"，其中就包含着我们对人类的看法，中华人民共和国领域内的民事活动，要适用我们中华人民共和国的这部民法典，当然法律另有规定的要依照其规定。中华人民共和国领域内的民事活动仅限于具有中华人民共和国国籍的人吗？毫无疑问，当然包括没有中华人民共和国国籍的外国人和无国籍人，民法典对他们也能够发挥法律的调整作用。法律另有规定的，当然依照法律另作的规定，比如《涉外民事关系法律适用法》有规定的，就适用其规定。民法典对人类的看法，由此可见端倪。

更重要的是，根据《民法典·总则编》第 1 条的规定，民法典是依据《中华人民共和国宪法》来制定的，在我们的宪法中，已经郑重地写下了要致力于构建人类命运共同体，民法典当然也要服务于、致力于构建人类命运共同体这样的目标。所以在民法典对自然人所确立的法律调整规则中，包含着我们对构建人类命运共同体的一系列想法。我们希望中国人站在 21 世纪第二个和第三个十年的交汇期，表达的对人类所面对的这些基本问题的看法，能够反映人类的共识，这对于构建人类命运共同体来讲，具有异乎寻常的意义和价值。当有一天，人类不再以肤色、以民族、以国籍、以信仰来进行区分时，就是人类命运共同体构建完成的那一天。

从这一点上看，回想起在新冠肺炎疫情肆虐的初期，有不少外国的友人和机构，对处在疫情暴发初期的中国伸出了他们的援手。来自我们东邻的日本，包括在日本的华人、留学生、访问学者寄回祖国的那些托运行李的外包装上，写着"山川异域，风月同天"，这表达的不就是人类命运共同体的看法吗？当中国新冠肺炎疫情初步得到控制，但还未像今天这样得到进一步控制时，我们就向世界人民伸出了援手，在援助其他国家、地区人民物资的外包装上，同样写下了我们中国人非常真挚的一个愿望，"青山一道，同担风雨"，这就是我们对人类命运共同体的看法。对于民法典的1260个条文，每一个条文所进行的法律解释，都应秉承人类命运共同体的理念，把握其含义，作出相应的解答，这是我们对人类的看法。

# 六、民法典如何看待自然

人类所面对的一系列的基本问题中，还有一个至关重要的问题，就是我们如何看待自然。我在读中学时，语文老师曾要求我们写一篇看图写作的文章，当时提供了一幅这样的图画：一个身强力壮的年轻人举着一把斧头砍一座高山，斧头上写着"知识"，高山写着"自然"。我们都清楚，老师是在提示我们，要写一篇知识就是力量的文章。什么力量？征服和改造自然的力量。的确，在 1804 年的《法国民法典》、1900 年的《德国民法典》甚至我们中国人在改革开放初期制定的一系列单行民事法律和民事基本法中，人和自然的关系就是主体和客体、征服者和被征服者、改造者和被改造者之间的关系。当中国特色社会主义进入新时代，当我们站在 21 世纪第二个和第三个十年的交汇期时，我们对自然仍是这样的看法吗？习近平总书记告诉我们金山银山和绿水青山之间的关系，"绿水青山就是金山银山"，表达的就是中国人今天对自然的看法，这种对自然的看法在中国的文化传统中，其实是有着深厚的根基的。

我的家乡有一位名人，这就是中国近代一位著名的哲学家，冯友兰先生。冯友兰先生关于人生的四重境界相信大家都耳熟能详。最低层次的人生境界是"自然境界"，这是一个对人生基本上无所觉解的境界，是一个谈不上有爱的境界。再高一个层次，是所谓"功利境界"，是一个对人生有所觉解，认识到了满足自我需求的一种人生境界。再高一个层次，冯先生称其为"道德境界"，是一个脱离小我、开始关注大我、从爱自己变成同时要去爱别人的境界。但是，冯友兰先生告诉我们，中国人所追求的人生境界，当然不会是自然境界，不是功利境界，也不是道德境界，而是"天地境界"。天地境界是什么境界？是人和天地万物融为一体的境界，是人和自然相伴相生、互为伙伴的境界。我们的《民法典·总则编》第一章确认的基本原则中，郑重地写下了这样的文字，"民事主体从事民事活动，应当有利于节约资源、保护生态环境"。这就是人们津津乐道的"绿色原则"。

绿色原则代表了我们对自然的一个基本看法，民法典并没有止步于此，在各编中将绿色原则进一步予以落实和体现。比如，在《民法典·物权编》中可以看到，建设用地使用权的设立，要秉承绿色原则；用益物权的设立和行使，也要秉承绿色原则。在《民法典·合同编》中，同样能够找到绿色原则的具体体现。当合同生效，将要进行合同义务履行时，不仅仅要履行约定的合同义务，还要履行法定的合同义务。法定的合同义务中，就有基于绿色原则所产生的法定义务。在《民法典·侵权责任编》中，改变了《侵权责任法》有关环境侵权责任的一些规则，对环境污染、生态破坏的侵权责任作出了一体的规定，并且把生态修复明确认可为侵权责任承担方式的一种，这就是对绿色原则所作出的具体回应。

当然，绿色原则除了这些典型的法律体现之外，还深深地渗透到了我们民法典的每一个法律条文中。当我们用文义解释、体系解释、历史解释、目的解释等法律解释方法，确定民法典相关法律条文含义时，绿色原则都应当是一项重要的考量因素。当我们用类推适用、目的性扩张、目的性限缩的方法，进行法律漏洞填补时，绿色原则同样是重要的价值考量，它渗透和弥漫在我们的整部民法典中间。这就是我们对自然的看法。

# 结语

《中华人民共和国民法典》，就是通过表明我们对人类所面对的这一系列基本问题的看法，来回答中国之问和时代之问的。如何看待人？如何看待家？如何看待社会？如何看待国家？如何看待人类？如何看待自然？我们基于中国人所分享的价值共识，给出了自己的回答。

　　讲到这里，在我的脑海中，响起了这样的歌声：古老的东方有一群人，他们全都是龙的传人。中华民族是龙的传人，我们不但有着绵延长久且从未中断过的文明，而且是一个在人类法律文明发展史上曾经长期站在最前沿的民族。在 21 世纪第二个和第三个十年的交汇期，我们立足于中国人所分享的价值共识，编纂一部民法典，表明我们对人类所面对的一系列基本问题的看法。我们从未想过拿这部民法典，跟任何其他国家或者地区的民法典一较高下，但是，被称为"龙的传人"的民族，一个有着高度文化自信的民族，一个曾经长期站在人类法律文明最前沿的民族，我们编纂完成的民法典，一定会在世界民法典之林中有一席之地。通过这部民法典的编纂，我们这个民族应当能够再次站在人类法律文明的最前沿。

# 第三讲

# 《民法典·物权编》，更好保护你我的财产权利

## 高圣平

中国人民大学法学院副院长、教授、博士生导师

教育部长江学者奖励计划特聘教授

各位网友，大家晚上好！欢迎大家收看由司法部普法与依法治理局和中国人民大学联合出品，百度 APP 联合制作的《民法典开讲》公益公开课。

民法典是社会生活的百科全书，其中物权编是民法典分编中的第一编。物权编所调整的法律关系，是整个财产权保护的基石。这一次《民法典·物权编》的编纂，是在我国 2007 年所颁布的《物权法》的基础上，所作的修改与完善。

# 一、《民法典·物权编》规定的物权体系

我们来大致看一下，《民法典·物权编》中规定了哪些财产权利。从物权编的法典结构来看，大致我们可以看出物权编遵循了物权法的既有的编纂体例，采取以所有权为中心逐渐推及到用益物权、担保物权，由此形成了民法典中的物权体系。《民法典·物权编》既调整物的归属关系，也就是我们通常说的"这个东西是谁的"，也调整这些物的稳定性利用关系，具体地体现为用益物权和担保物权。以下是物权编规定的具体物权体系。

第二分编　所有权

第五章　国家所有权和集体所有权、私人所有权

第六章　业主的建筑物区分所有权

在这三大类物权种类中，和我们老百姓日常生活有关的财产权利，主要体现在所有权中的私人所有权、业主的建筑物区分所有权、相邻关系、共有这些章节之中。所有权分编是我们社会主义基本经济关系的一个基本反映，体现了整体的基本经济安排。在《民法典·物权编》的编纂过程中，所有权分编中，业主的建筑物区分所有权这一章，修改比较大，回应了社会大众基本的制度需求。第三分编用益物权部分，主要是反映党的十八大以来所启动的新一轮土地制度改革的成果。其中，在土地承包经营权部分，反映了"三权分置"的基本思想；在建设用地使用权和宅基地使用权部分，结合"三块地"改革的实践，做了一些原则的规定；新增加了居住权这一用益物权种类；完善了地役权的相关的规则，为地役权的功能的扩张提供了基本的制度前提。第四分编担保物权部分，是按照优化营商环境的需求，对担保物权规则做了一些全面的革新，引入了一些新的立法观念。

整体上，《民法典·物权编》中所规定的这些财产权利，大多和我们日常生活、社会经济密切相关。这一次公开课，我结合我们网友在开课之前所提出来的一些热点的问题，主要讲两个方面的问题。第一个，小区业主的权利保护问题。第二个，介绍一下这一次新增加的居住权用益物权类型，它可能给我们的住房利用关系带来一些什么新的变化，给我们的住房保障体系带来哪些革新，做一个简短的说明。

# 二、小区业主权利的保护

## （一）权利内容

首先，我们来看一看小区业主的权利，小区业主的权利在物权编所有权分编里面，我们是用业主的建筑物区分所有权来表达的，按照物权编第 271 条的规定，建筑物区分所有权是业主对建筑物内的住宅、经营性用房等专有部分享有所有权，对专有部分以外的共有部分享有共有和共同管理的权利。由此可以看出，建筑物区分所有权是一种复合型的权利。这是结合我国城市的居住现状，对城镇居民的住宅权利所作的一个统合性的安排和调整。建筑物区分所有权和一般的所有权不一样，我们说，一般的所有权是权利人依法对自己所有的不动产或者动产所享有的占有、使用、收益和处分的权利。但建筑物区分所有权既包括了对专有部分的所有权，也包括了对共有部分的共有以及共同管理的权利。这三种权利浑然一体，彼此不能分割。这种三位一体的复合型的权利形态，更多的是来明晰在小区的生活中，人和人以及人和物之间的关系。

我们来看一个来自北京的真实案例。甲拥有一套房屋（3 号楼 1 单元 601），同时拥有在小区空地搭建的一间平房（40 平方米）。这种情形在北京房改房中体现得尤为明显，因为住房面积比较小，最大的也只有八十几平方米，一般都会在小区的空地上盖一些平房，每一个业主都有一间。甲的产权证上仅记载房屋的自然情况，所附平面图也仅涉及该房屋，都没有登记这间平房。现甲将该房屋出卖予乙，但仅移交了房屋，甲仍然在平房中居住。现在乙向法院提起诉讼，请求甲交付平房。

这个案件的争议在于，建筑物区分所有权中的三个权利是不是可以分割的，是不是可以将其中之一转让给他人，而自己保留其他部分。物权编第 271 条所表达的一个观念就是，在小区业主的建筑物区分所有权之中，小区业主对专有部分的所有权占据着主导地位。专有部分所有权的移转所产生的法律效力，直接及于对共有部分的共有以及共同管理权。这也就是《民法典》第 273 条第 2 款中所规定的，"业主转让建筑物内的住宅、经营性用房，其对共有部分享有的共有和共同管理的权利一并转让"。也就是说，小区业主不能自己保有专有部分的所有权，把共有部分的共有权转让，也不能自己保有对共有部分的共有权，然后仅仅只转让专有部分的所有权。

那么，在我们的生活实践中，就像这个案例所描述的平房，很显然是利用小区业主共有的建设用地使用权所建造的，属于小区业主共有。我们不管它是不是符合规划，主要是看它是不是构成建筑物的专有部分。这些平房没有计算进入容积率，虽然可以由某个业主对某个平房享有专有使用权，但它仍然属于小区业主的共有部分。结合民法典的上述规定，应该是房屋连同平房一并被转让。

## （二）专有权

在这三种权利内容中，我们先来看一下专有部分的所有权，也就是专有权。《民法典》第 272 条规定："业主对其建筑物专有部分享有占有、使用、收益和处分的权利。业主行使权利不得危及建筑物的安全，不得损害其他业主的合法权益。"这里对专有权的行使做了一些特别的限制。

我们先来看一下在上海发生的一个真实的案例。甲、乙楼上楼下毗邻而居，甲在其客厅中安装了一个 19.8 平方米的浴缸（自重 550 千克），且经常在深夜洗澡。乙的母亲有轻微的精神衰弱，晚上经常被吵醒，病情恶化。乙向法院提起诉讼，请求甲拆除客厅中的浴缸。

在这个案例中，楼上业主在客厅里面安装浴缸，首先从建筑物安全的角度，从客厅的使用用途出发，是不是有违建筑物的安全；同时基于相邻关系的考虑，楼上业主在客厅里面安装浴缸，上下水等造成的噪声直接会影响到楼下的业主的生活。在这种情形下，虽然小区业主就其专有部分享有的是所有权，但所有权的行使必须要受到限制，而且这个限制的程度要强于对一般所有权行使的限制。

对于专有部分，民法典所作的一处修改是，业主将住宅改变为经营性用房的规则。如果小区的业主把住宅改变为经营性用房，也就是通常我们见到的，利用住宅自己办公司，或者把住宅出租给他人办公司。我们知道按照规划管理的要求，每一个小区、每一栋建筑物，它的用途是特定的。有的用途是住宅，有的用途是商住两用，有的用途是商业。针对这种改变建筑物用途的情形，《民法典》第 279 条给定了一个规则，就是"业主不得违反法律、法规以及管理规约，将住宅改变为经营性用房。业主将住宅改变为经营性用房的，除遵守法律、法规以及管理规约外，应当经有利害关系的业主一致同意"。

原来，物权法中没有要求业主"一致同意"，导致我们在实践中处理相关问题上规则的缺失，出现了很多解释上的冲突。《最高人民法院关于审理建筑物区分所有权纠纷案件具体应用法律若干问题的解释》对于物权法规则的适用做了明确规定。也就是说，如果业主改变建筑物的用途，由住宅改变成经营性用房，必须要经有利害关系业主的全体同意。这主要是基于小区的共同生活状况，某一个业主改变用途，会影响到其他业主对于生活的预期。

我们这里面也有一个真实的案例。甲和乙都是一栋楼的业主，甲在 5 楼，乙在 15 楼。甲把自己的房屋出租给另外一个人来开办幼儿园，直接影响了乙平静的生活。乙是一个作家，天天在家里办公。乙向法院提起诉讼，请求排除妨害、消除危险、恢复原状。在诉讼中，甲的抗辩理由是：我在把这个房子出租给他人办幼儿园的时候，经过了我这一层的业主、我下一层的业主以及我上一层的业主的全部同意；至于其他层的业主，关系不是很大，5 楼的小孩吵，可能也吵不到你 15 楼上去。以此为由抗辩。对这个问题，《最高人民法院关于审理建筑物区分所有权纠纷案件具体应用法律若干问题的解释》明确指出，"有利害关系的业主"主要是指本栋建筑物内的其他业主。建筑区划内，本栋建筑物之外的业主，主张与自己有利害关系的，应证明其房屋价值、生活质量受到或者可能受到不利影响。也就是说，本栋建筑物内的其他业主，不需要就此举证证明受到了侵扰。只有本栋建筑之外的其他业主，在主张他是有利害关系人的时候，才负有举证责任。

这个问题在目前这个阶段体现得尤为明显。因为我们现在鼓励万众创业，简化了公司的注册程序，也把公司住所的证明降到了最低，利用住宅来从事经营性用途的现象非常普遍。我们观察到的实践中的情况，怎么来征求其他业主的同意？是不是到每个业主那里，去个别一一征求意见，还是说在本栋建筑物的出入口张贴一个公告性质的文件，来征求大家的意见。这个还有待司法实践的发展。

## （三）共有权

接下来我们来看一下对共有部分的共有权。对共有部分的共有权是解决物业服务纠纷相关争议问题的一个重要法律基础。因为对于普通商品住宅的物业服务，除非另有约定，业主仅仅只是把小区的共有部分委托给了物业管理公司来进行管理。专有部分是没有委托出去的，所以，对共有权的相关规则的理解和把握，对于我们处理相关物业服务纠纷也具有重要的意义。我们首先来看《民法典》第 273 条第 1 款，"业主对建筑物专有部分以外的共有部分，享有权利，承担义务；不得以放弃权利为由不履行义务"。

我们来看这个案例。甲居住在某小区，小区业主规约中规定，小区内人工喷泉、路灯等水费、电费由小区业主以套为单位平均分摊。物业公司向甲请求支付相应水费和电费，甲以去年出国，且回国后经常出差，并没有享受这一服务为由拒绝支付。

就这个问题，实际上《民法典》第283条给出了解决方案。也就是说，建筑物及其附属设施的费用分摊、收益分配等事项，有约定的，按照约定；没有约定或者约定不明确的，按照业主专有部分面积所占比例确定。

在这个案子中，小区的管理规约中，对共有部分所发生的水费和电费的分摊已经作出了明确的约定。也就是说，它是按照以套为单位来平均分摊，不是按照业主专有部分面积占整个小区专有部分面积之和的比例来进行确定的。这一约定排除了第283条推定规则的适用。在这种情形下，业主虽然从来没有看过这个喷泉，可能路灯搁置在那里对他也没有什么用，但他也应当承担对共有部分的义务。这是共有权部分的第一个问题。

对共有部分的共有权，《民法典》第282条新增加了一个规定，就是"建设单位、物业服务企业或者其他管理人等利用业主的共有部分产生的收入，在扣除合理成本之后，属于业主共有"。这个是立法机关在广泛的社会调研的基础上，所作出的一个政策选择。北京就发生过这样的纠纷案件。某个小区靠着北三环，屋顶平台具有重大的商业价值。物业公司就把屋顶平台租给一个广告公司，来设置广告位。每年每栋楼的屋顶平台收80万元。收了很多年之后，小区的业主委员会就代表小区的业主来请求物业公司返还这笔收入。对于此类纠纷，我们原来的处理基本上也是按照目前《民法典》第282条的规则来进行处理的。也就是说，对于共有部分的利用所产生的收入，原则上属于业主所有。此外，除了扣除合理的成本之外，还可能在物业服务企业和业主之间有一个合理的分享比例。

但是，《民法典》第 282 条对于司法实践中的经验没有完全反映。如果这些共有部分所产生的收入都为业主所共有的话，所产生的问题就是，物业管理公司还有什么经济上的驱动来践行自己对共有部分有效利用的管理职责。也就是说，既然共有部分所产生的收入除去了合理的成本之后，全部归业主所有，跟物业管理公司没有关系，物业管理公司自然就不会积极地去交易、磋商、谈判，来利用这些共有部分取得相应的收入。目前管理规范的小区，在物业服务合同里面对这个问题大多都有约定。对共有部分所产生的收益，除去合理成本之后，会在业主和物业管理公司之间进行一个合理的分配。如我们通常见到的，业主 80%、物业服务企业 20%，也有业主 70%、物业服务企业 30% 的情况，这取决于业主与物业管理公司之间的自由约定。在民法典实施之后，我们认为这种约定具有排除第 282 条适用的效力。也就是说，如果当事人之间没有约定的，那就适用第 282 条；如果有约定，就按照当事人之间的约定来分配。这是共有权部分的第二个问题。

对于共有权部分的其他问题，其实民法典中还有一些规则。例如，轮候使用、专有使用权的规则，都是经由对于民法典相关法条的解释得出来的。

## （四）共同管理权

接下来看第三个权利，这也是建筑物区分所有权中最复杂的一个部分，也是《民法典·物权编》就小区业主的权利修改得最多的一个部分。

　　我们首先来看应当由业主共同决议的事项，民法典中作了相应的完善。《民法典》第 278 条第 1 款规定："下列事项由业主共同决定：（一）制定和修改业主大会议事规则；（二）制定和修改管理规约；（三）选举业主委员会或者更换业主委员会成员；（四）选聘和解聘物业服务企业或者其他管理人；（五）使用建筑物及其附属设施的维修资金；（六）筹集建筑物及其附属设施的维修资金；（七）改建、重建建筑物及其附属设施；（八）改变共有部分的用途或者利用共有部分从事经营活动；（九）有关共有和共同管理权利的其他重大事项。"针对实践中擅自改变共有部分的利用用途，或者利用小区共有部分从事经营活动比较多的情况，民法典在《最高人民法院关于审理建筑物区分所有权纠纷案件具体应用法律若干问题的解释》的实施经验的基础上，在第 278 条明确地将改变共有部分用途或者利用共有部分从事经营活动，列为应当由小区业主共同决定的事项，而且明确是必须作出特别决议的事项。这是修改的第一个部分。第二个部分，把原来的筹集、使用建筑物及其附属设施的维修基金，分成了两项，采取不同的决议规则。对于使用建筑物及其附属设施的维修基金，我们只要求一般决议就行了。但是对于筹集建筑物及其附属设施的维修基金，必须由小区业主形成特别决议。一般决议和特别决议主要是业主人数及其所持表决权的不同。按照民法典的规定，需要业主通过特别决议的共同事项包括：筹集建筑物及其附属设施的维修资金；改建、重建建筑物及其附属设施；改变共有部分的用途或者利用共有部分从事经营活动。其他共同事项，只需要形成一般决议。

　　第二个重大修改是关于业主决议的形成。《民法典》第 278

条第2款规定："业主共同决定事项，应当由专有部分面积占比三分之二以上的业主且人数占比三分之二以上的业主参与表决。决定前款第六项至第八项规定的事项，应当经参与表决专有部分面积四分之三以上的业主且参与表决人数四分之三以上的业主同意。决定前款其他事项，应当经参与表决专有部分面积过半数的业主且参与表决人数过半数的业主同意。"我们现在小区业主大会作出决议难，很难达到法定的标准。民法典这一次适当地降低了决议形成的门槛。在物业服务实践中，就应由业主共同决议的事项作出决议的时候，不一定要采取会议体的形式。也就是说，不是说把所有的业主都召集在一起开个会。这一种会议体的业主大会会议形式，目前在实践中用得很少。大多数的情形都是先把需要由小区业主共同决议的事项，在每一栋楼第一层的进出口都张贴出来，然后规定时间由业主委员会、物业服务公司的代表、居委会的代表，共同上门来征求每家每户的意见，由每家每户当着这些人的面来勾选这些决议事项：你是赞成还是反对。随着互联网技术的发展，现在也出现了在业主微信群中就应当由业主共同表决的事项进行表决的形式。尽管我们对业主大会会议的形式做了一些创新，但要达到法律规定的既定表决权数，也并不是那么容易。不是每个业主对这些应当共同决议的事项都会关心，都会花时间去看，都会在相应的时间内进行表决，直接导致很多决定小区业主共同利益的事项，得不到及时的处理。

《民法典》第278条第2款的修改主要体现在什么地方？按照物权法的规定，通过业主大会的决议，就一般决议而言，是要有两个"过半数"，也就是，同意的业主人数占比"过半数"，同意的业主的专有部分建筑面积之和占比"过半数"，这两个"过半数"可以通过一般决议。就特别决议而言，是要有两个"超过2/3"，也就是同意的业主人数占比"超过2/3"，同意的业主所占专有部分建筑面积之和占比"超过2/3"，这两个"超过2/3"可以通过特别决议。物权法的上述占比都是以全体业主为基数来进行计算的，不是以参加业主大会的人数为基数来进行计算的。也就是说，业主即使不参加业主大会，不就业主共同议决事项进行表决，也计算在分母里面。

民法典调整了计算基数，分成了两个阶段：第一个是业主大会的召集。业主大会所形成的决议具有合法性的一个前提是，参加业主大会的业主人数及其专有部分建筑面积之和有一个基本的要求，就是两个"超过2/3"。也就是说，参与表决的业主的人数"超过2/3"，参与表决的业主的专有部分建筑面积占比"超过2/3"，这两个"超过2/3"参与的业主大会，对这些共同议决事项进行表决，才具有合法性。这是第一个门槛。第二个是在决议形成中分别以一般决议和特别决议确定了两种标准。如果是一般决议的话，就以参与表决的业主两个"过半数"为标准，同意的业主人数占参与表决的业主人数"过半数"，同意的业主的专有部分建筑面积之和占参与表决的业主的专有部分建筑面积之和"过半数"，可以通过一般决议；如果是特别决议的话，就以参与表决的业主两个"超过3/4"为标准，同意的业主人数占参与表决的业主人数"超过3/4"，同意的业主的专有部分建筑面积之和占参与表决的业主的专有部分建筑面积之和"超过3/4"，可以通过特别决议。基于这个标准来计算，如果业主大会的召开符合法定条件，也就是符合两个"超过2/3"业主参与表决的话，那么，以全体业主为计算基数，专有部分建筑面积占比1/3以上的业主且人数占比 1/3 以上的业主表决同意，即可通过一般决议；专有部分建筑面积占比 1/2 以上的业主且人数占比 1/2 以上的业主表决同意，即可通过特别决议。

这就是说，和物权法相比，民法典是分别降了一点。原来是两个"过半数"可以通过一般决议，现在是两个"超过 1/3"就可以通过一般决议了；原来是两个"超过 2/3"才能通过特别决议，现在是两个"超过 1/2"就可以通过特别决议了。所以说，民法典降低了业主决议的门槛，这有利于业主共同意思的形成，有利于解决目前物业服务实践中业主决议难的问题。

第三个有关共同管理权的重大修改，是关于公共维修基金的使用问题，这在实践中出现的问题比较多。当然，现在一些老旧小区，尤其是房改房的小区，也出现了公共维修基金的筹集问题，这些都是目前争议比较大的问题。

按照物权法的要求，公共维修基金的使用应该由业主共同决定，而且同意的业主人数占比"超过 2/3"，同意的业主所占专有部分建筑面积之和占比"超过 2/3"，它是用于电梯、水箱等共有部分的维修。民法典完善了上述规则，经业主共同决定，公共维修基金可以用于电梯、屋顶、外墙、无障碍设施等共有部分的维修、更新和改造。这里我们把可以动用公共维修基金的共有部分的列举性规定做了进一步扩充，原来是"电梯、水箱"，现在把"屋顶、外墙、无障碍设施"这些共有部分都明确包括进去了，同时把公共维修基金的使用用途也做了扩充，由原来的"维修"明确为"维修、更新和改造"。另外，民法典就公共维修基金的使用，只需要形成一般决议就可以了，不再要求形成特别决议。也就是我们刚才说的，如果业主大会的召开符合法定条件，那么，以全体业主为计算基数，专有部分建筑面积占比 1/3 以上的业主且人数占比 1/3 以上的业主表决同意，就可以通过使用公共维修基金的业主决议。

关于公共维修基金的使用规则修改的第二个部分就是，物业服务企业对公共维修基金筹集、使用情况，应当定期公布。原来写的是"应当公布"，民法典明确为"应当定期公布"。这一规定是为了防止物业服务实践中出现的一些不规范的情形，例如，今年外立面进行了维修，重新贴了瓷砖，过了一年才公布公共维修基金的使用情况，时过境迁，不利于业主对公共维修基金的利用情况进行有效的监督。

关于公共维修基金的使用规则修改的第三个部分是，《民法典》第 281 条第 2 款，规定"紧急情况下需要维修建筑物及其附属设施的，业主大会或者业主委员会可以依法申请使用建筑物及其附属设施的维修资金"。这也是结合物业服务实践所作出的特别规定。在紧急情况下，如果要求召开业主大会，再由业主来共同决定，很显然不大可能。在这种情形下，就可以直接由业主大会或者业主委员会依法申请使用维修基金。这里的"依法"申请，由下一步修改《物业管理条例》还有相关的公共维修基金管理规则的时候，来进一步地进行落实。目前，《住宅专项维修资金管理办法》就这一问题已有规定。该办法第 24 条第 1 款规定："发生危及房屋安全等紧急情况，需要立即对住宅共用部位、共用设施设备进行维修和更新、改造的，按照以下规定列支住宅专项维修资金：（一）住宅专项维修资金划转业主大会管理前，按照本办法第二十二条第四项、第五项、第六项的规定办理；（二）住宅专项维修资金划转业主大会管理后，按照本办法第二十三条第四项、第五项、第六项和第七项的规定办理。"当然，这些规则也面临着修改。维修基金的应急使用有一个前提，必须是紧急情况下。也就说是，召开业主大会对维修基金的使用形成决议不大可能的时候，才可以由业主大会或者业主委员会来直接申请使用。对这个问题，维修基金目前成了小区中沉淀的基金。对于维修基金的使用问题，民法典仅仅是对利用的用途、利用的范围、利用的程序作了一个原则性的规定。其他的规则就留由其他的下位阶的法律规范来进行调整。

第四个有关共同管理权的重大修改，涉及业主团体成立难的问题。立法机关在立法调研过程发现的另外一个重大问题，就是业主团体成立比较困难。即使在北京，小区成立业主委员会的情况占比也是比较少的。业主团体，无论是业主大会，还是业主委员会，都是对小区共同事项作出决议进行管理的最主要的组织形态。这些业主团体不及时成立，不利于及时高效地维护业主的权利。每个具体的业主要想维护自己的权利，还比较困难。在这一背景之下，《民法典》第 277 条对《物权法》的相关规则做了一些完善，规定："业主可以设立业主大会，选举业主委员会。业主大会、业主委员会成立的具体条件和程序，依照法律、法规的规定"。"地方人民政府有关部门、居民委员会应当对设立业主大会和选举业主委员会给予指导和协助。"与《物权法》相比，这里在第 1 款中增加了后面一句：业主大会、业主委员会成立的具体条件和程序，依照法律、法规的规定。除了《民法典》中的规定之外，主要是《物业管理条例》。住房和城乡建设部《业主大会和业主委员会指导规则》严格来讲，不属于"法律、法规"的范畴。《民法典》第 277 条第 2 款，对于业主大会和业主委员会的成立给予指导和协助的机关，在地方人民政府有关部门之外，增加了居民委员会。这是一个比较切合实践的修改。居民委员会虽然是居民的群众自治性组织，但其接受委托也在履行一定的行政管理职能。就业主大会和业主委员会的成立来说，居委会对小区的情形相对比较了解，由他们来对业主团体的成立给予指导和协助，更具有可行性。就业主团体成立难的问题，民法典将业主团体的成立的条件、程序，作了一个援引性的规定，把其中的一些给予指导和协助的外部力量加以强化，在一定程度上可以解决业主团体成立难的问题。

第五个有关共同管理权的重大修改，涉及在物业管理中物业服务企业和业主的权利和义务方面的调整。针对这一次新冠肺炎疫情的防控实践，民法典给予了相应的反映。在新冠肺炎疫情的防控过程中，需要紧急地征用法人、自然人和非法人组织的一些特定财产，需要小区对进入小区的人员采取相应的管理措施。小区的业主普遍非常配合。新冠肺炎疫情防控的这一成功经验，我们写到了民法典里面，在物权编中的反映主要体现在，第245条对财产的征用条件增加了"因防控疫情的紧急需要"；第285条第2款为物业服务企业或者其他管理人增加了一个义务，就是"应当执行政府依法实施的应急处置措施和其他管理措施，积极配合开展相关工作"；第286条对业主也赋予了相应的义务，"对于物业服务企业或者其他管理人执行政府依法实施的应急处置措施和其他管理措施，业主应当依法予以配合"。至于新冠肺炎疫情发生之后，合同履行上的一些问题，不是在《民法典·物权编》中来加以解决的，它是经由合同编的相关规则的解释来加以解决。最高人民法院也先后发布了几个司法意见，对新冠肺炎疫情之后相关合同履行所带来的影响，形成了相对统一的司法态度。

## （五）共有建设用地使用权

小区业主权利的另外一个部分，也是这次我们网友提出问题最多的部分，涉及建设用地使用权到期之后的问题，在这里也做一个简单的介绍。我们买了商品房，取得了哪些权利？反映在民法典上，主要是建筑物的所有权，也就是建筑物区分所有权，就是刚才我们讲的，接下来就是建设用地使用权。建筑物区分所有权与建设用地使用权是一体的，房屋不可能脱离土地而存在，在我国实行社会主义土地公有制之下，我们取得房屋的所有权，不可能取得房屋占有范围的土地的所有权，只能取得在土地所有权上面设立的建设用地使用权。在目前城市普遍的复合房屋结构之下，业主虽然购买了每个单元的房屋，但并不知道房屋占有范围内的建设用地使用权究竟在哪里。在这种情形之下，对建设用地使用权是一个共有的状况，小区的整个建设用地使用权是由小区业主共有。

这种"房地一体"规则给我们带来的问题就是，业主所取得的房屋所有权是没有期间限制的，它是永久的，当然，房屋所有权会受到建筑物本身的使用寿命的约束，就是说房屋的使用寿命就只有这么长。现在建筑物是"百年大计"，在规划设计的时候，规划的建筑物年限有个限制。虽然说房屋所有权是永久的，但这个永久也只是个理想。而建设用地使用权是有期间限制的，住宅建设用地使用权一般是 70 年。对于房屋所有权没有期间限制和建设用地使用权有期间限制之间的矛盾，物权法仅仅规定了建设用地使用权到期后，自动续期，但自动续期后是否续费，物权法没有作出规定。当时的考虑是 70 年毕竟还没到，等到了之后再来研究、再来解决。

但是，物权法公布实施之后没几年，就出现了建设用地使用权到期的情形。因为在城市土地有偿利用制度改革之初，没有建设用地使用权（当时称"国有土地使用权"）期限的统一规定，各地的试点改革政策不一样，有的建设用地使用权只有 10 年，有的 20 年，有的 30 年，各种情形都有。建设用地使用权到期了，自动续期没有问题，但自动续期之时要续费吗？各地出台了一些不同的政策。最后，原国土资源部统一了过渡性的政策，就是暂时按"两不、一正常"处理：第一个"不"，因为自动续期，就不需要提出续期申请；第二个"不"，就是暂时不收取费用；"一正常"，就是正常办理交易和登记手续，但同时注明："根据《国土资源部办公厅关于妥善处理少数住宅建设用地使用权到期问题的复函》（国土资厅函〔2016〕1712 号）办理相关手续"。这是一个临时的政策安排，以后法律和行政法规怎么修改、怎么规定，就按照法律、行政法规的规定来处理。《民法典》第 359条第 1 款加了一句："续期费用的缴纳或者减免，依照法律、行政法规的规定办理。"这一规定主要是考虑到，《中共中央、国务院关于完善产权保护制度依法保护产权的意见》指出，要研究住宅建设用地使用权到期后续期的法律安排，推动形成全社会对公民财产长久受保护的良好和稳定预期。根据党中央批准的有关工作安排，该项工作由国务院有关部门研究，提出方案后，国务院提出法律修改议案，修改相关法律。但是目前国务院还没有就这个问题形成修改法律的议案，所以，这个问题有待下一步在修改《城市房地产管理法》的时候再来解决。

对于小区业主的权利，我们就大致介绍到这里。接下来，我们来介绍民法典新设的一类不动产权利——居住权。

# 三、居住权的性质与权利内容

## （一）制度功能

居住权这次在民法典用益物权分编中的增设，被赋予了很高的期待。这个制度是为了贯彻党的十九大提出的加快建立多主体供给、多渠道保障住房制度的基本要求，认可和保护民事主体对住房保障的灵活安排，来满足特定人群的居住需求。立法说明也明确指出，这一制度安排有助于为公租房和老年人以房养老提供制度保障。

居住权制度的本身，是用来干什么呢？立法说明已经描述得相对清晰了。《民法典》第 366 条规定："居住权人有权按照合同约定，对他人的住宅享有占有、使用的用益物权，以满足生活居住的需要。"从这一定义性法条出发，我们可以看出，和其他的用益物权相比，居住权人对他人的住宅只有占有、使用的权能，没有收益权能，而且居住权的用途仅仅只是生活居住需要。这两大限制实际上在一定程度上表达了居住权这一个新增的用益物权和其他的用益物权种类之间的区分。

## （二）居住权因合同而设立

按照民法典的规定，居住权可以根据合同而设立，也可以以遗嘱方式设立。因合同而设立的时候，应当签订书面形式的居住权合同，而且法律上明确规定了居住权合同的倡导性条款。《民法典》第367条第2款规定："居住权合同一般包括下列条款：（一）当事人的姓名或者名称和住所；（二）住宅的位置；（三）居住的条件和要求；（四）居住权期限；（五）解决争议的方法。"居住权合同中不一定都要求有这些条款，而是号召大家、倡导大家尽量地把这些条款都约定清晰。

《民法典》第368条中规定："设立居住权的，应当向登记机构申请居住权登记。居住权自登记时设立。"也就是说，要设立居住权，仅有居住权合同不行，还必须要办理居住权设立登记。居住权从登记的时候才设立，而不是从居住权合同生效时设立。

下面我们来看一个既有的案例，来观察居住权在民法典中确立前后的变化。男女双方协议离婚。离婚协议中指出，现两套住房均为女方婚前个人财产，考虑到男方在北京并没有住房，男方可以无偿在其中一套房屋中居住，直至男方结婚时为止。后来，女方又将该房屋卖给了其他人。现在买受人请求男方搬离该住房。对这个问题，我们以前的制度供给不是很充分。根据民法典的规定，离婚协议中所表达出来的内容，已经达到了居住权合同的基本要求，离婚协议中的相关内容也构成居住权合同的一种形式。也就是说，当事人之间已经存在居住权合同。设立居住权，当事人之间不一定要签一个叫作"居住权合同"的合同，也不一定要完全具备前面所说的5个倡导性条款。居住权合同也可以叫其他名称，只要是书面形式就可以了。合同条款中只要有设立居住权的意思，有几个核心的要素：它是针对特定的房屋，既可以在一套房屋上设定，也可以是在一套房屋中的一个房间上设定，就达到了特定化的要求。基本上，合同中有这两个方面的内容就可以了，至于其他的条款，例如居住权的期间、争议解决条款，不约定也可以经由解释而确定。

其中，关于居住权期间的认定问题，可以是我们通常理解的住一年、住两年，也可以是确定会发生的事实，例如居住权人死亡，因为人肯定是要死的。《民法典》第370条规定："居住权期限届满或者居住权人死亡的，居住权消灭。居住权消灭的，应当及时办理注销登记。"这里将"居住权期限届满"和"居住权人死亡"当成了两个不同的法律事实。至于上述案例中"直至男方结婚时为止"的约定，法院是将其认定为一个期间。一般情形下，男方结不结婚，在未来不确定，但作为一个正常的人，只要降低标准，应该是可以结婚的。所以，大致可以认为这也是一个关于居住权期限的约定。但也可以把它理解为条件，只要结婚了，居住权也就消灭了。居住权消灭了，那女方当然可以提出来，注销居住权登记。如果在男方结婚之前，女方出售房屋，由于居住权在原来没有登记，买受人自然属于善意，他也就可以办理房屋所有权转移登记，而且可以请求男方搬离房屋。现在，根据民法典的规定，有了离婚协议，要拿着离婚协议去办理居住权设立登记，居住权才得到物权性的保护，否则它只有合同法上的效力。在办理了居住权登记的情形之下，买受人虽然也可以取得房屋所有权，但应当受到居住权的约束，只有在男方结婚后，买受人才能请求男方搬离房屋。

居住权因合同而设立，还有另外一种典型的场景。这也是一个真实的案例，在北京发生的。甲大学毕业后留京工作，其父母乙、丙将位于南京的两套住房变卖，加上积蓄，为甲在北京购买了一套住房。商品房买卖合同中的买受人、不动产登记簿和不动产权利证书上记载的权利人均为甲。装修完毕后，甲、乙、丙均在该房屋居住。后甲恋爱结婚，因家庭琐事与乙、丙产生矛盾。不久，甲提出让乙、丙回南京老家租房居住，并愿意支付房租和赡养费。这种情形也是借由居住权可以解决的。比如说，父母可以把房屋所有权或购房款赠予子女，房屋以子女的名义购买，登记簿上也署子女的名字，但是在房屋上为两个老人设立居住权。在办理了房屋所有权登记之后，在所有权登记之上，再作一个居住权登记。这样，父母的居住利益就受到了法律的强势保护，通俗上讲就是赶你也赶不走了。但是，这个时候家庭矛盾冲突无法化解，强行地住在一起，也挺难受的，可以放弃居住权。居住权是你的权利，你当然可以放弃。

## （三）居住权因遗嘱而设立

居住权还有另外一种设立情形，就是因遗嘱而设立。《民法典》第 371 条规定："以遗嘱方式设立居住权的，参照适用本章的有关规定。"这就意味着，以遗嘱的方式设立居住权的，不能完全适用以合同设立居住权的相关规则。以遗嘱设立居住权，不需要订立居住权合同，这是第一个。第二个，也不以登记为生效要件。也就是说，不需要办登记，居住权就可以设立。那居住权从什么时候设立呢？从继承开始的时候，就设立居住权。这样看来，以遗嘱的方式设立居住权跟因合同而设立居住权不一样。因合同而设立居住权，先要有居住权合同，然后要有居住权设立登记，这样居住权才设立，才成为民法典上给予强势物权保护的用益物权。

我们来看实践中的一个案例。甲生前立有自书遗嘱一份，其中指出，其死后所遗住房一套由其子乙继承。考虑到其再婚配偶丙的居住需求，该住房的南向房屋由丙居住至其死亡时为止。这种安排体现了遗嘱人自己的自主意思，不想让再婚的老伴失去一个基本的居住保障，也不想把这个房子给再婚的老伴，房子还是给儿子。在民法典实施之后，这种情形可以用居住权的方式来解决。

## （四）居住权的功能扩张

前面所讲的这些，都是立法说明里所说的，要满足特定人群的居住需要。但是，怎么来达到对公租房、对以房养老这些新型的住房保障需求目标呢？这是我们通常说的居住权功能扩张。

我们来看一下第 369 条，居住权不能转让、不能继承，后面接着的是"句号"。设立居住权的住宅还不能出租，但当事人另有约定除外，这里，"另有约定的除外"仅仅只是排除了设立居住权的住宅不能出租的情形，设立居住权时如果约定所有权人可以出租，就可以出租，如没有约定就不能出租。但居住权是不能转让、不能继承的。这在一定程度上限制了现有的住房保障体系中部分保障类型对居住权的适用空间。在立法过程中，虽然有很多的人提出来，要把一些投资性的居住权加进去，来解决合建房屋、经济适用住房、产权式的度假酒店等类型中的权利结构。但是，因为居住权不能转让、不能继承，那么这些交易类型中，权利人已经支付了远远超过租金的对价，不允许其转让、继承明显与理不符。这些交易模式可能就没有办法在居住权的框架下来加以展开了。但对于以房养老，对于公租房和廉租房而言，是可以由居住权来加以涵盖的。

就目前以房养老的试点来看，由保险公司主导的以房养老的试点，其实没有达到预想的效果。对于老人来说，他们对这种交易品种不大了解，对其中的风险也没有办法预先加以评估。我国现在已经步入老龄社会，如果60岁算老人的话，我国现在也有差不多2亿多的人已经是老年人了。随着医疗水平提高，老年人的人数还会提高。这样一来，老年人的养老保障问题将会越来越突出，几个老人都要一对年轻夫妇来养老，确实让他们不堪重负。虽然养老并不一定仅仅是经济上的，还有精神上的，但居住权制度在一定程度上可以解决赡养人的经济负担问题。

在采取居住权来达到以房养老目的的时候，老人可以把自己的房屋先卖掉，然后在这个房屋上再为自己设定一个居住权。在交易结构、交易模式上，可以有几种选择方案。第一个方案就是，可以把房屋的交易价格定低一点，低于市场交易价格，居住权设立无偿；第二个方案就是，房屋的交易价格是正常的，现在中介市场是什么价就卖什么价，但是居住权的设立有偿，每年或每月交付一定数额的居住费用。也就是说，自己能够生存多少年，就交多少年的居住费用，可以采取逐年或逐月支付的方式。这两种交易结构都可以供大家选择。

对于廉租房和公租房，北京的这种情形尤其突出。国管公房、单位公房还有不少，并不能适用住房制度改革的相关政策。尤其是二环以内的国管公房，这些房子都是国有的，都是原来就租给了市民。现在无论是面临拆迁，还是面临文物保护，它的维修都碰到了一些问题。廉租房也一样，究竟哪些人能够承租廉租房，租金给付标准靠什么来进行确定和调整，都存在很多的问题。如果采取设立居住权的方法，这些居住权可以有偿设立，不允许转让，也不允许继承，在一定程度上可以防止住房保障中出现权力寻租现象。

对于廉租房、公租房的问题，用居住权来加以重新构造，在一定程度上可以满足住房保障的多元化供给需求。但是，对于租售共举共有产权住房，还有经济适用住房，包括现在利用集体建设用地所建的公租房，是否也可以借助居住权来加以解决？在这些情况下，每一个权利人都支付了一部分对价，比如经济适用住房也很贵；租售并举，也交了30%的房款。如果把它改造成居住权，不允许转让，又不允许继承，很显然不合理。这样看来，这些是不能够用居住权来涵盖的。

按照整个民法的制度设计，达到户有所居的目标，不是完全由居住权解决的。在城市中，按照现在调研的统计的话，70%的人是自有住房，其他的近30%的人就利用其他的方式来解决，包括我们今天讲的这些住房保障体系，还有另外我们用得最多的，就是房屋租赁，租赁他人的房屋来满足住房的需求。房屋租赁体现在《民法典·合同编》的租赁合同这一章，相关的交易规则体现在那里。这样，借由民法典的各个部分的具体制度的设计，来达到整体社会的户有所居的目标，来满足全社会成员的基本民生需求。这是居住权的问题。

限于时间关系，今天我就讲到这里，谢谢大家！

# 第四讲

# 《民法典·婚姻家庭编》关于结婚制度和离婚制度有哪些新变化？

## 龙翼飞

中国人民大学法学院教授、博士生导师
中国法学会婚姻家庭法学研究会常务副会长

欢迎大家收看由司法部普法与依法治理局同中国人民大学法学院联合出品、百度 APP 联合制作的《民法典开讲》公益公开课。

大家好！现已公布的《中华人民共和国民法典》，在本质上是一部体现我国社会主义性质、符合人民共同利益和愿望、顺应时代发展要求的民法典。这部法典具有鲜明的中国特色、实践特色和时代特色，它所体现的立法思想是对民事主体的生命健康、财产安全、交易便利、生活幸福、人格尊严等各方面权利的平等保护。《民法典·婚姻家庭编》全面地规定了婚姻家庭关系主体的权利和义务。《民法典·婚姻家庭编》所作出的立法创新有 35 处之多。今天，我就其中的若干立法创新规则与各位一起来进行交流。

# 一、《民法典·婚姻家庭编》新设立的基本原则及其法理思想

《民法典·婚姻家庭编》第 1041 条规定了："婚姻家庭受国家保护。实行婚姻自由、一夫一妻、男女平等的婚姻制度。保护妇女、未成年人、老年人、残疾人的合法权益。"这条规定概

括提出了我国婚姻家庭法律制度的基本原则。我们注意到，同1980年的《婚姻法》相比较，《民法典·婚姻家庭编》去掉了实行计划生育的原则，增加了"婚姻家庭受国家保护"。这条关于《民法典·婚姻家庭编》基本原则的规定，体现了如下的核心法理思想，我把其概括为十个以"人"字为前提的法律表达：第一，人权平等；第二，人身自由；第三，人格尊严；第四，人亲和谐；第五，人际诚信；第六，人性友善；第七，人财共济；第八，人伦正义；第九，人本秩序；第十，人文关怀。这十个核心的法理思想反映了《民法典·婚姻家庭编》的立法本质，是人们衷心地赞同民法典的制度，自觉地服从民法典的制度和愿意遵守民法典制度的内在要求。

以上述十个核心法理思想为依据，《民法典·婚姻家庭编》关于基本原则的规定又昭示我们，在《民法典·婚姻家庭编》的实施的过程中还要遵循十个具体的法理规则：第一，权利法定。譬如，婚姻自由权利，是法律赋予每一个婚姻当事人的。第二，契约保护。在婚姻家庭关系中也会有一些权利义务的设定，是需要当事人通过自愿的行为、通过协议的方式来确立彼此的权利和义务。譬如，要成立收养关系，就需要收养人与送养人之间订立收养协议。第三，行为公示。在婚姻家庭领域中，人们实施的合法行为是需要向外界表达出来当事人有这样真实的意思表示。第四，效力公信。一旦婚姻家庭中的法律行为实施以后，它所发生的效力是让社会或者第三人去知晓当事人之间发生了某种民事法律关系。譬如结婚，当事人在自愿的前提下，通过办理结婚登记确立了彼此之间的夫妻关系。这种自愿登记结婚的行为一经完成，便宣告了当事人之间成为配偶。这种效力的公信，是使得他人知晓当事人已经依法结为夫妻。第五，人身权利优先。在婚姻家庭关系中，既有人身关系，又有财产关系。譬如，夫妻之间平等地享有人身自由权、姓名权，夫妻之间平等地共同生活、相互扶养，等等。在这种婚姻家庭的法律关系中，人身利益是优先的。第六，财产权利公平。无论是夫妻之间，父母子女之间，还是祖孙之间、兄弟姐妹之间，为了家庭的共同生活所发生的财产关系，当事人彼此的权利也要呈现出公平的特点，要满足实现家庭职能的需要。第七，不得违背公序良俗。《民法典·总则编》第 8 条明确规定："民事主体从事民事活动，不得违反法律，不得违背公序良俗。"婚姻家庭成员在婚姻家庭活动中应当依法而行，不得违背公序良俗。第八，禁止权利滥用。禁止权利滥用，也是民法的基本原则之一，在规范婚姻家庭关系中尤其重要。譬如，男女双方依法结为夫妻，彼此就应当互相忠实、互相尊重、互相关爱。如果夫妻一方滥用夫妻的权利，未经对方同意，擅自处理夫妻共同财产，该行为即属于权利滥用，是为法律所禁止的。第九，文明和睦。这是调整婚姻家庭关系中的一切行为的规则。第十，法律救济。一旦在婚姻家庭领域中发生了当事人权利受到侵害的，受害人可以通过法律的手段维护自己的合法权益。

## 二、调整婚姻家庭关系的倡导性规则

《民法典·婚姻家庭编》在第 1043 条第 1 款创新性地规定了："家庭应当树立优良家风，弘扬家庭美德，重视家庭文明建设。"同时，又在第 2 款中规定："夫妻应当互相忠实，互相尊重，互相关爱；家庭成员应当敬老爱幼，互相帮助，维护平等、和睦、文明的婚姻家庭关系。"这条法律规定是对婚姻家庭成员的思想指引、行为导向和制度约束。因此，我们应当把这个条文看作指引性、导向性和约束性的法律要求。

## 三、确立收养制度基本原则的创新性要求

在《民法典·婚姻家庭编》中，首次将曾经独立存在的单行法《收养法》纳入民法典之中。在《民法典·婚姻家庭编》中，对于收养关系的法律要求反映在《民法典·婚姻家庭编》第1044条："收养应当遵循最有利于被收养人的原则，保障被收养人和收养人的合法权益。禁止借收养名义买卖未成年人。"我们知道，在法律上设立收养关系的目的来自两方面：一方面是让那些无法获得生父母直接抚养教育的未成年人得以健康成长，可以享受到家庭的温暖；另一方面是让那些没有子女的人或者愿意收养他人并符合收养条件的人，通过收养的行为，在当事人之间设立法律拟制的父母子女关系，使当事人享受天伦之乐。因此，基于人权保护的法律规定，《民法典·婚姻家庭编》规定禁止借收养的名义买卖未成年人，它体现的法理思想依然是人权平等、人格尊严、人性友善和人伦正义。

## 四、明确界定发生婚姻家庭权利义务关系的亲属范围

在《民法典·婚姻家庭编》的第一章中，还增设了一个新的规定。该编第1045条规定："亲属包括配偶、血亲和姻亲。配

偶、父母、子女、兄弟姐妹、祖父母、外祖父母、孙子女、外孙子女为近亲属。配偶、父母、子女和其他共同生活的近亲属为家庭成员。"这一法律条文体现了《民法典·婚姻家庭编》的内在要求，它规范了哪些社会成员在我们的社会生活中可以彼此之间发生法律上的婚姻家庭的权利和义务关系。譬如，这个条文里规定的配偶，配偶是指合法的夫妻，彼此之间就具有人身关系和财产关系。血亲是指那些彼此具有血缘联系的亲属，包括直系血亲和旁系血亲。姻亲，它是以婚姻关系为核心而延伸展开的亲属关系的网络系统。姻亲就包括血亲的配偶、配偶的血亲和配偶的血亲的配偶。法律上将亲属的范围作出这样清晰的界定，就是告诉我们，只有具备了法律上的亲属身份的人，才可能发生《民法典·婚姻家庭编》中规定的亲属之间的权利和义务关系。

## 五、修改因受胁迫的可撤销婚姻制度

《民法典·婚姻家庭编》第 1052 条第 1 款规定："因胁迫结婚的，受胁迫的一方可以向人民法院请求撤销婚姻。"这一条款取消了 1980 年《婚姻法》所规定的"因胁迫结婚的，受胁迫的一方可以向婚姻登记机关或者人民法院请求撤销婚姻"。为什么作出这样的规定呢？结婚是一项重要的民事法律行为，会产生男女双方的婚姻关系。对于这样重要的民事法律行为，由办理婚姻登记的行政机关来撤销，显然是不恰当的。而人民法院是司法机关，由司法机关通过司法裁判的方式，来认定某一对当事人之间是否基于自愿的原则确立起自愿合法的夫妻关系。因此，这个条文在第 1 款中就将当事人有权请求撤销婚姻的情形，限定在人民法院通过司法裁判行为来认定当事人之间是否属于可撤销婚姻的情形。另外，这条规定还做了一处改动，这就是将"请求撤销婚姻的，应当自结婚登记之日起一年内提起"改为"自胁迫行为终止之日起一年内提出"。这样新的制度安排，为受胁迫的当事人提供了更多的时间和空间，来主张已经缔结的婚姻根本违背了自己的真实意愿，依法予以解除。这体现了《民法典·婚姻家庭编》所贯穿的人权保障的立法思想。

## 六、增设因一方患有重大疾病婚前未如实告知的可撤销婚姻制度

在结婚制度中，还有一个创新的制度是规定在《民法典·婚姻家庭编》第 1053 条。该条规定："一方患有重大疾病的，应当在结婚登记前如实告知另一方；不如实告知的，另一方可以向人民法院请求撤销婚姻。请求撤销婚姻的，应当自知道或者应当知道撤销事由之日起一年内提出。"这个制度的立法理由在哪里呢？立法理由在于：第一，一方患有重大的疾病，在结婚登记前没有如实告知另一方，这种行为的性质就是欺诈。换句话说，它违反了"人际诚信"的《民法典·婚姻家庭编》的法理思想。对这样的违法行为，当然应当产生相应的撤销婚姻的法律后果。第二，一方患有重大疾病，在结婚登记前没有如实告知另一方，如果另一方在婚后由此受到了对方疾病的侵害，便使得受害这一方当事人的健康权受到损害，法律就要保护受害这一方当事人的正当权益，准许其向人民法院请求撤销该婚姻。这样的规定也是《民法典·婚姻家庭编》所贯穿的法律救济这一具体法理规则的体现。

# 七、完善无效婚姻和可撤销婚姻法律后果的规定

在结婚制度中,《民法典·婚姻家庭编》对于无效婚姻和可撤销婚姻的法律后果,也作了创新性的规定。这些规定体现在如下两个方面:第一个方面是《民法典·婚姻家庭编》第 1054 条第 1 款规定:"无效的或者被撤销的婚姻自始没有法律约束力"。这个法律规则告诉人们,经过司法认定,某一个婚姻行为是无效的或者应当被撤销的,当事人之间如果还存在一些法律上的权利义务关系,就违背了婚姻自由的原则,违背了一夫一妻制的原则。因此,无效或者被撤销的婚姻没有法律约束力,便有效地保护了当事人的人身权利。换句话说,这样的规定再一次重申了《民法典·婚姻家庭编》应当贯穿的权利法定、行为公示、效力公信这样的具体法理规则。第二个方面,对无效婚姻所涉及的财产的处理,不得侵害合法婚姻当事人的财产权益;涉及当事人所生的子女,要适用本法关于父母子女关系的规定。这些法律规则是 1980 年《婚姻法》中原来就有的,那么在《民法典·婚姻家庭编》中再一次重申了这样的法律规则,又一次体现了《民法典·婚姻家庭编》所贯穿的人伦正义、人本秩序和人文关怀的核心法理思想。本条第 2 款是一项新设的规定,该款规定是:"婚姻无效或者被撤销的,无过错方有权请求损害赔偿。"对这个创新的条文,应当从以下两个方面去理解:首先,在婚姻被认定无效或者被撤销的情况下,构成婚姻无效或者被撤销的原因,有可能是一方当事人有过错而另一方是无过错的,也可能是来自当事

人双方的过错。如果发生在一方当事人有过错而另一方当事人没有过错的情形下，无过错当事人所享有的损害赔偿请求权，到底是财产损害赔偿请求权，还是精神损害赔偿请求权？从民法的基本的原理来说，这个条文所指出的损害赔偿首先是精神损害赔偿，它体现了民法对于自然人的人身自由、人格尊严的人权保护。同时，法律规定无过错方有权向过错方请求精神损害赔偿，也体现了法律对于无过错方当事人的人文关怀。其次，如果无效婚姻或者被撤销婚姻的无过错方当事人因此而遭受了财产损害，其当然也有权向过错方请求财产损害赔偿。

## 八、创新规定双方自愿离婚制度的实质要件和形式要件

《民法典·婚姻家庭编》第四章是离婚制度。在离婚制度中有如下的创新规则：首先，《民法典·婚姻家庭编》第 1076 条规定："夫妻双方自愿离婚的，应当签订书面离婚协议，并亲自到婚姻登记机关申请离婚登记。"这条规定的创新之处在于：如果当事人双方感情确已破裂而自愿离婚的，要遵循行为公示和权利保障的法律要求。这些法律要求不仅有实质要件的要求，即双方自愿离婚，而且还要求在形式上满足法律规定的行为规范。用民法的术语来说，就是双方自愿离婚申请办理离婚登记的当事人应当满足法律规定的两个形式要件：第一，当事人之间应当签订书面的离婚协议；第二，要依法办理离婚的登记，由婚姻登记机关对当事人的离婚申请加以合法性的审查。在社会生活中，如果婚姻当事人发生了矛盾，不见得都选择用离婚的方式去处理。所

以,《民法典·婚姻家庭编》第 1076 条的规定,反映了对当事人自愿离婚的严格的法律约束。换句话说,这条法律规定的目的是禁止当事人对离婚自由权利的滥用。其次,这个法律条文创新性地规定:"离婚协议应当载明双方自愿离婚的意思表示和对子女抚养、财产以及债务处理等事项协商一致的意见。"这条规定反映的是国家对婚姻当事人离婚协议的个人行为进行法律调整所要求的三个必备的内容:第一,就是双方确实是自愿离婚的;第二,对子女抚养问题已经作出了妥善的处理;第三,当事人之间对离婚所涉及的财产问题以及债务处理等事项,已达成了协商一致的意见。这一创新规定也体现了《民法典·婚姻家庭编》所遵循的人本秩序、人文关怀的核心法理思想和权利法定、禁止权利滥用的具体法理规则。

## 九、新增加离婚冷静期制度

在离婚制度中,还有一条规定已经引起了社会的强烈反映,这就是关于离婚冷静期的制度。《民法典·婚姻家庭编》第 1077 条规定:"自婚姻登记机关收到离婚登记申请之日起三十日内,任何一方不愿意离婚的,可以向婚姻登记机关撤回离婚登记申请。前款规定期限届满后三十日内,双方应当亲自到婚姻登记机关申请发给离婚证;未申请的,视为撤回离婚登记申请。"人们把这个条款的规定视作离婚冷静期制度。设立离婚冷静期制度的立法目的,是限制离婚自由还是保障离婚自由,社会各界对此有不同的看法。我认为,规定离婚冷静期制度的立法目的,是为了实现婚姻当事人的人权平等、人身自由、人格尊严和人本秩序。

在当事人请求婚姻登记机关解除婚姻关系时，有的当事人之间确实是夫妻双方感情确已破裂，婚姻关系无法维持下去了；但也有一部分当事人向婚姻登记机关请求解除婚姻关系，并非是出于理性的原因，而是彼此发生了偶然的矛盾，当事人自认为双方无法化解了，于是就要用提出离婚来解决夫妻矛盾。对这种情况，法律上设置了三十日的离婚冷静期，是给予当事人一个冷静思考的机会。当事人在离婚冷静期中会理性地思考，夫妻双方的矛盾是夫妻感情确已破裂之下的根本冲突性矛盾，还是因家庭生活琐事，如因抚养子女、赡养老人、家庭日常生活的开支等引发的次要性矛盾。在三十日内，不仅夫妻双方要认真地审视自己曾经用心血建立起来的夫妻关系到底是不是已经彻底破裂了，同时，社会组织还有亲戚朋友也可以在这段时间里主动参与进来，协助夫妻双方去化解矛盾。如果双方当事人经过慎重考虑，认为彼此的矛盾是可以通过协调解决的，就可以重归于好。在这种情形下，当事人双方可以向婚姻登记机关撤回离婚登记的申请。如果当事人双方仍然坚持离婚，不撤回离婚的申请，或者因子女抚养、财产分割、债务清偿等问题无法达成满意的协议时，也可以直接向人民法院起诉，通过司法审判的方式来解除婚姻关系。从这个意义上说，离婚冷静期制度的设立，并没有限制婚姻当事人行使离婚自由的权利。当然，这样一项新设的制度，在现实生活中如何发挥作用，还需要通过法律实践加以检验。我个人认为，这个法律条文所设置的离婚冷静期制度在具体的实施过程中，还需要不断地总结经验，还需要设置一些更细化的操作规则。例如，婚姻登记机关在收到当事人提出的离婚登记申请时，是否可以无所作为？我认为，婚姻登记机关的工作人员应当具备这样的素质，就是去努力调解婚姻当事人的离婚纠纷，他们既可以向当事人询问其申请离婚的真实原因，还可以有针对性地运用心理疏导的方式去化解当事人之间产生的矛盾。同时，按照我们国家长期以来形成的良好的民事纠纷调解传统，他们还可以动员社区组织、当事人所在单位或者亲朋好友，对当事人的婚姻的矛盾进行调解。该条第2款规定："前款规定期限届满后三十日内，双方应当亲自到婚姻登记机关申请发给离婚证；未申请的，视为撤回离婚登记申请。"这一条款是规定了离婚冷静期制度的后果，即当事人如果不撤回离婚的申请，那么在三十日内，双方就应当到婚姻登记机关申请发给离婚证，如果又没有申请的，就视为撤回离婚申请。这个法律规则应当是充分尊重了当事人的离婚选择权，给了当事人一个行使权利的机会：当事人可以撤回其离婚申请；不撤回的，当事人可以要求发给离婚证；当事人不申请撤回，又不去申请离婚登记，视为其本意是不想通过婚姻登记机关来办理离婚登记。我认为，这样的规则也充满了《民法典·婚姻家庭编》对婚姻当事人的人文关怀。

## 十、对诉讼离婚制度的重大修改

在离婚制度中，《民法典·婚姻家庭编》第1079条第5款还规定了一个创新的规则："经人民法院判决不准离婚后，双方又分居满一年，一方再次提起离婚诉讼的，应当准予离婚。"这个新设条的立法目的，是充分保护当事人的离婚自由权，给予当事人充分的人文关怀，对其人格尊严和人身自由权给予充分的保护。在现实生活中，当事人发生了婚姻矛盾，如果向人民法院起诉离婚后，人民法院经过审理认为当事人之间并没有达到感情确已破裂的程度，会判决不准予离婚，其目的是给当事人一个化解矛盾的时间和空间，看当事人能否在这个时间里边，达成和好的意愿，由此不再主张离婚。但是如果当事人没有利用好这一年时间，或者在一年时间内也无法化解彼此的矛盾，一方再次提起离婚诉讼，就意味着当事人之间的夫妻情感已经到了确已破裂的程度，在调解无效的情况下就应当准予离婚。从司法实践的角度来看，这一条款也是把司法实践经验的总结上升为民法典的规定。

# 十一、新设法定的解除婚姻关系的行为公示方式

在离婚制度中，《民法典·婚姻家庭编》还有一个创新的规定，就是第 1080 条规定："完成离婚登记，或者离婚判决书、调解书生效，即解除婚姻关系。"这个条文规定的立法目的是什么呢？我理解，这条规定的立法目的是充分保障当事人的离婚自由权利，反对轻率离婚。当事人之间要解除婚姻关系，必须通过两种法定的行为公示方式。第一，当事人双方自愿离婚并向婚姻登记机关提出离婚申请，经过婚姻登记机关的审查，当事人对于离婚确属自愿，且子女抚养问题、财产分割问题以及债务的清偿问题等都已经得到了比较圆满的解决，完成了离婚登记的手续，即标志着当事人双方依法解除了婚姻关系。第二，在诉讼离婚的方式中，人民法院对于当事人之间的离婚诉讼经过严格依法审理后，认定其夫妻感情确已破裂并且调解无效而做出的离婚判决书或者离婚调解书，都标志着当事人之间的婚姻关系已经到了终止

的阶段，被依法解除。

# 十二、新增加无过错方可以请求损害赔偿的法定情形

《民法典·婚姻家庭编》对于无过错方请求损害赔偿，作出了一个创新的规定。在《民法典·婚姻家庭编》第 1091 条所规定的无过错一方有权请求损害赔偿情形中，增加了"有其他重大过错"的规定。对于这一条款，可以把它理解为无过错一方有权请求损害赔偿的兜底性条款。有人可能会问：什么是重大过错？能举个例子吗？我要清晰地告诉各位，有两个例子可供参考：第一，配偶一方有赌博、吸毒等恶习且屡教不改导致了离婚的；第二，配偶一方对他人实施了性犯罪等行为而严重损害到无过错一方夫妻感情，并由此导致离婚的。这两种重大过错情形的后果，都是严重地损害了无过错一方的感情。在当事人的婚姻关系无法继续维持并导致离婚的情况下，法律要求有过错一方当事人须承担损害赔偿的责任，这是一种公平的法律规则。这一法律规则所体现的依然是《民法典·婚姻家庭编》所贯穿的人权平等、人身自由、人性友善、人格尊严和人伦正义的法律要求。

以上是我对《民法典·婚姻家庭编》结婚制度和离婚制度的一些创新内容的解读，希望与各位进行交流！谢谢大家！

# 第五讲

# 《民法典·合同编》，每笔交易
# 都与它息息相关

## 石佳友

中国人民大学法学院教授、博士生导师
中国人民大学民商事法律科学研究中心执行主任

欢迎大家收看由司法部普法与依法治理局、中国人民大学法学院联合出品，百度 APP 联合制作的《民法典开讲》公益公开课。我是中国人民大学法学院石佳友，今天我给大家讲述的内容是我们刚刚通过的《民法典·合同编》。

合同编在整个民法典中占有极其重要的地位，这样一个地位从它本身的体量都可以看得出来。民法典的第三编是"合同"，总容量是 526 条，占到我们整个民法典总条文数的 41.7%，这是民法典中体量最大的一编。为什么是这样？是因为合同的内容极其丰富和复杂。实际上，我们每个人每天都在跟合同打交道，无论你到餐厅里吃饭，你到商场购物，你乘车，你到医院就医，这些都是合同，而且都是不同性质的合同，所以它对我们的日常生活是极其重要。

最后全国人大所通过的《民法典·合同编》包含了三个分编：第一分编是通则，第二分编是典型合同，第三分编是准合同，一共 29 章，所以它的内容是非常复杂和丰富的。我今天讲述的内容就是其中的第一分编通则。

我们《民法典·合同编》一个非常重要的特色，是合同既包括了大家讲的民事合同即一般的合同，也包括了商事合同，体现了民商合一这样一个非常重要的指导思想。因为我们坚持的传统是民商合一，所以我们制定民法典，目前我们没有一部单独的商法典，合同法统一适用于民事合同和商事合同。

另外一个很重大的特色，如果跟国外的民法典相比，我们没有设立一个单独的债编。比如说，典型的像《德国民法典》以及受《德国民法典》影响的很多国家的民法典，专门有一个债编，我们是把债编的内容在民法典里面分拆为两大块，一块是这里的合同编，另一块是侵权责任编。为什么我们采取了这样一个具有一定原创性的安排，主要的原因是西方比较法意义上债法的很多内容，其实主要是来自合同法，而且主要是适用于合同法。比如说，我们讲债的效力，我们讲债的履行，我们讲债的保全、债的转让、债的消灭，其实这些规则都是从合同法中来，而且最后要回到合同法中去。所以中国民法典采取了一个比较创新的或者叫功能主义的做法。当然这个做法也是受到了从 20 世纪 90 年代以来比较法最新的一些发展趋势的影响。包括我们看到比如说，合同领域的一些国际上非常有影响力的示范法，无论是欧洲合同法原则，还有包括像统一国际私法协会（UNIDROIT），它本身的《国际商事合同通则》是合同法通则，但也是债法的总则。所以，我们经过研究，发现合同法总则可以代行、发挥债法总则的功能，最后立法机关从功能主义的角度来讲，我们没有设立债编，而设立了合同编，其中以通则来发挥债法总则的功能。

另外，为了解决合同之债规则对其他债的准用，我们这里就有一个第 468 条，即"非因合同产生的债权债务关系，适用有关该债权债务关系的法律规定；没有规定的，适用本编通则的有关规定，但是根据其性质不能适用的除外。"这个意思是说，对于其他类型的债务，首先适用它们自己相应的规则，在缺乏自己相应的规则的情况下，才可以适用合同编通则的规定。当然后面也有一个限制，就是这种准用根据其性质不能适用的除外。那么这里面一些极其特殊的规则，合同的一些极其特殊的规则，就不能够完全套用到其他债。比如说抵销，合同之债可以抵销，但是我们通常认为侵权之债特别是人身侵权之债，那是不能抵销的。最简单的道理，比如说一个人到餐厅里面去吃饭，吃完了不给钱，这是吃"霸王餐"，这肯定是违法行为。但是，餐厅老板把他打一顿，说我打你一顿，医药费我就不出了，就相当于说拿饭钱给你的医药费，这也是违法的。因为他吃饭不给钱，这是一个合同之债，你把他打伤了，而且是故意侵权，这个里面你还可能构成刑法上故意伤害，从民法角度你把他打伤了，这是一个人身侵权之债，你不能用这个债务去抵销前边人家欠你的合同之债，这是不可以的。

另一个很重要的规则是合同的相对性，《民法典》第 465 条第 1 款规定："依法成立的合同，受法律保护"。我们称之为合同的拘束力原则。依法成立生效的合同是有强制执行力的，法律是要给予保护的。第 2 款规定："依法成立的合同，仅对当事人具有法律约束力，但是法律另有规定的除外。"这里面重要的词，是"仅"对当事人具有约束力，这就是我们经常讲的相对性。两个人签订的合同，只能管两人，不能够把别人捎进去。法律上也有谚语：合同于第三方既无损也无益。当然这是传统的观念，当代的观念突破了，即两个人之间签订的合同，不能够给第三人设立义务，没问题，但是可以给第三人设定权利，可以给他利益。最典型的比如说保险。父母到保险公司投保，然后以子女作为受益人，这个就是纯粹给第三人创造利益的行为，法律显然是允许的。我们称之为第三人利益合同，或者是为第三人签订的合同，在我们合同编的第 522 条本身也有规定。第 522 条第 1 款说："当事人约定由债务人向第三人履行债务，债务人未向第三人履行债务或者履行债务不符合约定的，应当向债权人承担违约责任。"另外更重要的是第 2 款。第 2 款规定："法律规定或者当事人约定第三人可以直接请求债务人向其履行债务，第三人未在合理期限内明确拒绝，债务人未向第三人履行债务或者履行债务不符合约定的，第三人可以请求债务人承担违约责任；债务人对债权人的抗辩，可以向第三人主张。"这样一个第 2 款的规定，是这次新增的。就是说民法典对于 1999 年合同法一个重要的发展，那就是增加了第三人的请求权。这是我们这次民法典的一个创新和改进，就是说赋予第三人以请求权。

关于合同的解释，在 2017 年所生效的《民法总则》的基础上，这次民法典本身在合同编也有所发展，这就是第 466 条。第 466 条第 1 款说，如果对条款理解有争议的，依据第 142 条第 1 款，也就是《民法典·总则编》的第 142 条第 1 款关于有相对人意思表示的规则。第 466 条的第 2 款，民法典做了一些措辞、行文上的重要改进，即如果"合同文本采用两种以上文字订立并约定具有同等效力的，对各文本使用的词句推定具有相同含义。各文本使用的词句不一致的，应当根据合同的相关条款、性质、目的以及诚信原则等予以解释"。这里面尤其是对于大量的涉外合同具有重要意义，因为大量的涉外合同，与国外当事人所签订的合同，往往是有不同的语言文字版本的，并且都会在合同里面约定说不同文字的版本具有同等效力。但实际上来讲，往往是由于翻译的原因，或者是由于起草人自己对语言的理解，在不同的文字版本里边，有些措辞的含义不完全一样，往往引发争议。所以民法典规定，对这种情况，要根据相关条款，首先是要坚持文义解释；然后根据合同本身的性质，这个合同是一个什么样性质的合同，因为合同的性质相当程度上就决定了当事人之间相互的权利义务，以及缔约目的；最后是诚实信用。这样一些重要的参考因素，是法官未来在解释合同中都必须考虑的因素。

关于合同的订立形式，这一次民法典相对于 1999 年合同法也有一些重要的发展，主要是考虑到现代经济生活的发展，特别是信息技术和电子商务技术的发展。所以，在合同形式里边，我们看到民法典相对于 1999 年合同法增加了合同书、信件、电报、电传、传真，特别是电报、电传、传真，这是最后通过的这个版本增加的内容，这是书面形式的列举。

第 469 条第 3 款讲到了，以电子数据交换、电子邮件等方式有形地表现所载内容的，可以随时调取查用的数据电文。这个时候用了一个词叫：视为。将这种以电子方式缔结合同视为书面形式，就解决了功能上所谓等同的问题。另外，电子邮件缔约是实践中大量存在的情况，还有所谓的电子数据交换，比如说通过网络在线平台，比如说在企业的官网上直接缔约，这种情况也是大量发生的，或者是经营者在企业的 APP 网站上付费缔约，这也是常见的情况。民法典这样的规定就解决了电子形式合同本身在功能上的等同性。

另外，重要的问题是要约和要约邀请。要约是希望别人与自己订立合同的意思表示。构成要约，有非常严格的要求，就是按照第 472 条，需要"内容具体确定"。另外，特别是要"表明经受要约人承诺，要约人即受该意思表示约束"。我们在学理上称之为法效意思，就是说我同意接受其法律约束的这样一种效果，法律效果的约束这样的一种意思，它是非常重要的。所以，要约是有法律拘束力的。与此类似的另一个概念是要约邀请，要约邀请是希望别人向自己发出要约的这样一个意思表示。在这一块内容上，民法典在合同法的基础上又增加了列举，这里面重要的列举是"债券募集办法"，就是这次加进去的。那么，前面像拍卖公告、招标公告、招股说明书、基金招募说明书、商业广告宣传、寄送的价目表，之前在合同法都作了规定，这次增加了债券募集办法。债券募集办法为什么构成一个要约邀请，债券募集办法的内容一般是这样写的，它往往也比较具体。要约邀请和要约最重要的差别就是要约的第2项，那就是"经受要约人承诺，要约人即受该意思表示约束"，这是要约和要约邀请最重要的差别。

另外，要约在一般情况下是可以自由撤销的，但是在例外的情况下，它是不能撤销的。法律列举了两种情况：第一，要约人以确定承诺期限或者其他的形式明示要约是不能撤销的。比如说你给对方预留了明确的承诺期限，所以你在所预留的承诺期限里面，是不能够随意撤销的。第二，受要约人有理由认为这个要约是不能撤销的情况下，并且已经为履行合同做了相应准备。这是法律非常重要的一个原理，就是说对合理信赖的保护。人家当然一定是有理由，而且是客观理由，不是说他自己的主观认识错误，或者是自己臆想出来的，是有客观理由相信，你的要约是不能撤销的。这种情况下，他基于合理性认为要约不可撤销并且采取了适当的准备履行合同的行为，或者准备缔结合同的行为。这种情况下，是不能撤销的。

另外，承诺对于要约变更分两种情况，第一种是实质性变更，第二种是非实质性变更。合同法采取了一种功能主义的立场，这样一个立场为民法典所继受，民法典也是沿袭了这样一种功能主义的立场。就是说，我们的法律并没有完全从形式上要求两者之间所谓的绝对的镜合，就像镜子里的印象一样，就是说绝对一模一样。对于要约跟承诺之间的这种匹配，民法典采取了一种功能主义的观点，即并不要求百分之百的符合：如果实质上的符合，那么其他非实质程度的不符合，问题不大，不构成一个实质性变更；反过来，如果是实质部分即承诺跟要约的内容在实质上有差异，构成实质性变更，这个时候就不能再约束原来的要约人了。

那么，这里面什么叫实质性变更？民法典的规定很明确，第488条说："有关合同标的、数量、质量、价款或者报酬、履行期限、履行地点和方式、违约责任和解决争议方法等的变更"。除了这些之外，其他的非实质性的、非关键条款的变更，那就是所谓的非实质性变更。

另外，关于电子合同，这也是我们这次民法典起草过程中的一个热点。因为现在电子商务已经成为中国经济的支柱之一，而且从市场规模和交易金额来看，中国已经是全球电子商务第一大国，所以法律上应该对电子商务经济的发展作出相应的回应和调整。这一次在民法典中，为电子商务所设立的规则，有好几条，且都是非常重要的。其中的一条就是第491条，特别重要的是其中的第2款："当事人一方通过互联网等信息网络发布的商品或者服务信息符合要约条件的，对方选择该商品或者服务并提交订单成功时合同成立"，这是非常重要的条款。当然后边又有一个除外条款："但是当事人另有约定的除外"。比如说，你在一个网站，你在一个 APP 上购物，按照法律的规定是你把商品选定，比如你把它放在购物车里边，并且点击提交订单，从那个时候起，合同成立。当然，法律也规定，有的电商、有的 APP 有另外的规则、另外的约定，这个是除外。比如说，有的网站如12306，在选定日期、选定车次、选定座位之后，你有半个小时的付款期限，半个小时内付款。这就是一种特殊情况，如果半个小时你不付款的话，这个时候订单自动取消，这个时候你此前预订的座位就不再保留，那么这就属于后边的这种除外情况。

而更值得注意的是，我们要跟《电子商务法》第 49 条第 2 款相比，这就是说《民法典》第 491 条第 2 款总体上跟《电子商务法》第 49 条第 1 款的内容是一样的。我们去比对一下，差不多，都是说用户选择该商品或者服务并提交订单成功时起合同成立，但是当事人另有约定的从其约定。而民法典跟电子商务法的一个重大区别在于，民法典中没有《电子商务法》第 49 条第 2 款，第 2 款怎么讲？第 2 款讲："电子商务经营者不得以格式条款等方式约定消费者支付价款后合同不成立；格式条款等含有该内容的，其内容无效"。这是电子商务法跟民法典的一个重要差别。为什么？电子商务法这样一个条文，它解决什么问题？举个例子，比如说如果一个电商网站，在促销商品，由于此前这个商家对于用户购买的量，没有做充分预计，比如说本来是促销1000 件，以为可能需求也就这么多，但最后可能涌进了 5000 个消费者下了单，实际上它的库存只有 1000 件，剩下 4000 件还没有。这个时候，网站在促销，往往有小字提示，说消费者下单付款，视为要约，最后要得到我的确认作为承诺，就是我确认之后合同才成立。尽管你付款了，最后我发现没有库存、没货了，对不起，我说合同没有成立，因为我的网站的广告是要约邀请，我把它叫要约邀请。然后你的下单付款是要约，那么最后合同是不是成立，取决于我是不是给你 confirmation，我是不是给你确认，所以我把承诺权保留在自己手上，这是很多网站的做法。通过这种手段，网站就相当于牢牢把合同里面的"最后一枪"控制在自己手上，把话语权掌握在自己手上，电子商务法对这种行为是予以禁止的。电子商务法明确讲了，不允许你这么干，格式条款包含这样的内容的，消费者下单付款之后，然后你说合同不成立，电子商务法是不允许这么做的。

但是为什么民法典没有规定？因为电子商务法是特别法，民法典是基本法，民法典没有把电子商务法的这项特别规则扩展到所有的电子交易形式。当然，话说回来，民法典作为一般法，作为基础法，在效力上完全不影响电子商务法，因为电子商务法是特别法，那么根据特别法和一般法的适用原理，特别法优先适用。这就是说对于电子商务交易形式，首先要适用电子商务法，而只有在电子商务法没有规定的情况下，这个时候我们才回到民法典的这个条文中去，所以民法典的颁布不影响电子商务法的效力和地位，没有任何影响。但是另一个角度我也讲了，民法典之所以没有把电子商务法的规则扩展到一般化，那是因为民法典是考虑到更基础的更多类型的一般交易，所以没有作出一个统一的一刀切的规定，这也是有它的道理的。

一个非常有趣的问题是在电子商务环境下的网络标价错误，然后导致"薅羊毛"现象。去年曾经有一个非常有名的事件，有一个网店的小店主在网上促销，他大概是卖水果，本来说是 26 块钱 4500 克，结果一不小心把这个"克"写成了"斤"，我们知道 1 斤等于 500 克，这就相差了 500 倍。结果大量的所谓"羊毛党"，一看有便宜可占，蜂拥而上，搞得商家要破产、要关店，这是一个典型的事例。这就说明什么？这就说明，在网络交易环境下，跟实体店是完全不一样的，实体店的情况下你可以控制规模，比如我一看这个东西不够了，我就直接关门，我不接待，而在网上是做不到的，网上你一旦把标价挂出来，把付款通道打开，那么全世界所有人都可以给你下单，都可以涌过来。这是网络环境的一个独特性。这种情况下，如果一旦标价错误，少写一个 0，可能会带来灾难性影响，那就是 10 倍了。这里面可不是 10 倍，这里面是 500 倍。这里把"克"写成"斤"，真的是灾难性的。当然这种情况下，法律显然不会袖手旁观，不可能说这些占便宜的"羊毛党"的请求都要得到支持保护，那不可能。因为民法典有最起码的原则——公平原则。公平原则是民法典的民事基本原则之一。另外，《民法典》在总则部分"法律行为"中，有专门规定"显失公平"的第 151 条。这就是说，如果这个交易明显构成显失公平，这个时候这个商家作为受害者，是可以向法院申请撤销合同的。当然，法院怎么去判断，这个东西薅羊毛，是不是显失公平呢？法院一定会从客观的角度，就是一个通情达理的人，所谓的英文讲 reasonable，你一定是一个 reasonable man，你是一个通情达理的人，从通常的经验法则来看，如果是显而易见的常识告诉你，那不是正常价格，你还去占便宜。这个时候，显然你不是一个善意的人，法律是没有必要去保护你这样的人的。另外，实践中对商家当然也有一些约束，如果他一旦发现价格设置错误，应当及时地联系消费者。反过来，如果作为商家，你开始发现错了，后来将错就错，不理这种情况下，法院也不会保护你。这个时候会认为你接受了这个价格，就干脆将错就错。比如说航空公司机票促销，本来10000块钱少写了个零，写成1000。有可能真不是为了促销，可能真的是错了，工作人员上传的过程中把价格标错了，但后来航空公司一看，为了维护信誉，算了我认了，前面下的单我也认了，这种情况下这个合同是有效的。

当然，法律也会考虑例外情况。有的时候，这种所谓的标价错误是炒作，是商家的一个噱头，是一种营销手段。恶意标低价，是为了吸引流量，吸引关注度，制造噱头或者是恶意竞争，这种情况下法院显然没有必要保护这样的恶意的经营者，法律就应该保护消费者的合理预期。这个时候要判决合同有效了。

另一个问题是关于强制缔约义务，1月份以来发生的新冠肺炎疫情，对我们的经济生活，对我们的社会，影响都是非常大的。比如说，疫情防控时所需要的一些紧急的医疗设备物资，包括像口罩，这个时候在一段时间内在局部地区出现了供不应求的短缺现象。这种情况下，国家基于公共卫生、基于防疫的公共利益的考虑，有权下达国家的订货、订购任务。这种情况下，企业没有正当理由是不能拒绝的。所以对于这样的情况，《民法典》第494条规定："国家根据抢险救灾、疫情防控或者其他需要下达国家订货任务、指令性任务的，有关民事主体之间应当依照有关法律、行政法规规定的权利和义务订立合同。依照法律、行政法规的规定负有发出要约义务的当事人，应当及时发出合理的要约"。这是非常重要的条文，这就是强制缔约。特别是一个企业，如果本身是提供公共服务的企业，公共服务的概念是向社会所有人提供服务。这种情况下企业自己不应该设置消费者的黑名单，防止形成社会的排斥现象。

预约合同非常重要，这次也是民法典中新增加的内容。相对于 1999 年合同法，预约合同的内容主要是在总结了最高人民法院有关的司法解释和有关的典型案例的基础上所作的规定。关于预约合同，《民法典》第 495 条规定："当事人约定在将来一定期限内订立合同的认购书、订购书、预订书等，构成预约合同。当事人一方不履行预约合同约定的订立合同义务的，对方可以请求其承担预约合同的违约责任"。这两款的意思：第一，在预约合同的种类里面，一个非常重要的变化是，跟此前的草案相比，把意向书删除了。因为最初的草案是从司法解释里边来的，把意向书列上了，但是考虑到大量的涉外交往的习惯。其实在大量的国际性的合同里边，在订立正式的合同之前，双方都会签订一个意向性的 MOU 备忘录，我们有时候称之为谅解备忘录。但是这种备忘录在实践中都是没有法律拘束力的，或者双方当事人往往明确：本备忘录不具有法律约束力，双方的权利义务以最终签订的协议为准。所以一般情况下，意向书是没有法律约束力的，它不是一个合同。基于这样的原因，最后民法典通过的文本里边，就把意向书给删除了，这是非常正确的。

另外，第 2 款很重要，第 2 款说如果违反预约合同的，对方可以请求承担预约合同的违约责任。这意思是说，如果他违反的是预约合同，违约责任的范围就不应该是违反本约的合同责任。因为预约合同是预约，要么将来继续谈判，要么将来订立合同。对于这样的义务的违反，跟违反了最后签订的合同的违约责任是不一样的。所以，民法典的措辞是非常精确和严谨的，是承担违反预约合同的违约责任，一定要把它跟违反本约的违约责任区别开来。

　　格式条款，也是实践中争议非常多的一类法律现象。实际上，消费者在每年的各类投诉里边，大量的内容就是针对各种形式、各种面目的霸王条款，这就涉及格式合同的法律规定。《民法典》总体来说，在总结 1999 年《合同法》以及 2013 年修订后的《消费者权益保护法》等立法的基础上，行文措辞上做了提炼。第 496 条第 1 款："格式条款是当事人为了重复使用而预先拟定，并在订立合同时未与对方协商的条款。"值得注意的是，跟此前的草案相比，最后通过的版本又加上了"为了重复使用"，此前的审议稿和此前的草案里，没有这一个要件，这次加上也是基于更为严谨的考虑。因为如果仅仅是为了一次缔约提前拟定的，可能不是严格意义上的一个格式条款；做了一个合同，是为了反复使用，这个时候我们称之为格式条款。

　　第 2 款，在措辞上也是比较精练，核心强调说"公平原则"，"合理的方式提示对方注意"。另外，格式条款的使用者如果没有尽到这些义务，那么它的后果是"主张该条款不成为合同的内容"。最先的草案是说主张无效，那么后来立法机关特别考虑到要区分合同的成立和效力。因为格式条款是放在合同成立里的，所以在合同成立里不能够直接规定合同无效，应该说最后的措辞也明显有改进。总而言之，根据法律关于格式条款的规定，核心的问题是公平原则，要看一个经营者、一个商家提供的格式合同是不是霸王条款，核心要看是不是违背了公平原则。如果这个条款确实违背了公平原则，就是霸王条款；反过来如果没有违反公平原则，就可能是一种合理的商业模式，可能是一种新的商业模式，这种情况下还不好笼统地说它是霸王条款。

另外，这个里面讲得很明白，消费者有知情权。如果格式条款里面有特别约定，比如说要减轻你的责任，或者要加重我的责任，或者限制我的某些权利，反正你是有让我知情的义务，这种情况你有提示义务，要保障消费者的知情权。另外，如果消费者提出要求，经营者还必须加以说明。

关于悬赏广告，这个也是新增加的内容，民法典主要吸收了司法解释的相关内容，特别是合同法解释的有关内容。第499条："悬赏人以公开方式声明对完成特定行为的人支付报酬的，完成该行为的人可以请求其支付。"重要的是，最后采纳了我们称为的单方行为说，而没有采纳所谓的契约说、双方行为说。这种差别在什么地方？打个比方说，一个老人，晚年独居生活，只有一个伴侣，就是他的小狗，有一天小狗走失了，老人寝食难安。因为这是他的精神寄托和精神伴侣。这个时候，他发出悬赏广告：谁要把狗找回来，我给他奖励10万元。后来就有一个人把小狗找到了，还回来。这里面，假如这个人事先没有看到悬赏广告，他能不能请求报酬，过去是有争议的。如果采纳双方说，就是说把悬赏广告视为一个要约，把找到小狗视为承诺，这种情况下这个人就没有办法得到报酬，因为都没有看到广告，怎么能叫承诺呢？要达成一个承诺，需要预先知道此前要约的存在。所以肯定不是承诺，一个没有看到宣传广告的人，要主张这个合同，显然是没办法的。但是这种情况下，大家觉得如果一个人完成了行为，只是没有看到悬赏广告，不让他去主张报酬，有失公平。所以，最后法律采纳单方行为说，就是说只要完成指定行为，不管此前是不是看到这样一个悬赏广告，都有权请求报酬。这显然是一种比较公平的办法。

　　另外，民法典也继续强调对合理信赖和交易安全的保护。比如说表见代表，我们又称为代表人越权有效。即如果法定代表人或者负责人，比如说董事长，公章、相关文件都在他手上，而且大家都知道他是董事长，如果董事长没有经过董事会的决议授权，自己擅自动用公章和公司的公文对外签订合同，这个时候有没有效。过去实践中，有些人存在误解，当然这个规定从1999年合同法就有了，即越权原则有效。因为对于外部的第三人来说，并不知道公司内部的管理流程，也不知道董事长签字、盖章有没有得到董事会的授权。人家并不知道你们内部的一些情况，他就是相信公章和合同公文。这种情况应该保护，我们称他是一个善意的相对人。所以，法律规定很明确，除相对人知道或者应当知道他越权之外，这个时候合同是有效的。

　　另外，刚才讲到电子商务规则，民法典里面有好几条非常重要。其中一条就是涉及电子商务合同的交付时间的确定，这就是第512条，这是新增条款。"通过互联网等信息网络订立的电子合同的标的为交付商品并采用快递物流方式交付的，收货人的签收时间为交付时间"。网购商品，最后怎么样计算交付时间？因为交付时间对于合同履行，对于确定违约责任，对于计算违约金、损害赔偿具有重要意义，在法律上具有重要意义。什么时候履行？什么时候交付？怎么样确定，这就是一个基础性的重大问题。法律规定是说签收，签收时间，当然实际上现在网购，其实都不需要你签字了。很久以前，还是拿个东西叫你签字，现在快递小哥直接就替你签收了。实际上，把这个商品交给你的时候，他就替你签收，不需要你签字了，但这也是法律上一个签收。另外，如果它是服务，不是商品，法律规定说是电子凭证载明的时间；如果是在线传输的，就是以进入到消费者的系统里面的时间作为交付时间。

关于不安抗辩权，这次也做了一些改变。我说的改变，都是指《民法典·合同编》相对于 1999 年合同法的一些重要的改变，一些重要的改进，一些重要的完善。第 527 条对于不安抗辩的事由，这次增加了几个字"有确切证据"。要求有确切证据，感到不安不能只是一种主观感受，一定要有客观的事实支撑，要有客观证据。法律一定是要拿证据说话的，所以这里"有确切证据"就是加上去的。显而易见，它是为了防止滥用。

另外，这次很重要的一点就在于，把不安抗辩和第 563 条预期违约进行了协调。那就是，如果一旦成立不安抗辩，成立不安抗辩之后，作为当事人你可以先中止你的履行，然后对方就是让你感到不安的当事人，他应该提供担保。如果在合理期限内，他既没有提供担保，也没有恢复履行能力。这种情况下，法律规定这个时候就视为以行为不履行债务，把这种情况视为预期违约的一种，就把它视为以行为违约，可以解除合同。这就非常好地实现了两个制度的衔接，在这样的情况下，不安抗辩可以转化为预期违约的一种，它的后果就是可以解除合同。一旦成立预期违约，这个时候债权人可以提前解除合同的。

情势变更，也是实践中受到高度关注的问题。比如说，自新冠肺炎疫情暴发以来，疫情对我们的经济生活构成了巨大的影响，导致了大量的企业在合同履行上出现了障碍。正由于这个原因，最高人民法院先后颁布了两个疫情期间合同履行有关的审判工作的指导意见，最新的意见是前不久在 5 月颁布的。这些重要的司法政策的指导文件里都提到，由于受疫情影响，合同履行障碍所带来的后果，人民法院怎么处理？这就要回到《民法典》中关于情势变更的基本规定，即第533条："合同成立后，合同的基础条件发生了当事人在订立合同时无法预见的、不属于商业风险的重大变化，继续履行合同对于当事人一方明显不公平的，受不利影响的当事人可以与对方重新协商；在合理期限内协商不成的，当事人可以请求人民法院或者仲裁机构变更或者解除合同。人民法院或者仲裁机构应当结合案件的实际情况，根据公平原则变更或者解除合同"。这非常重要。

比如说，你作为一个商家，由于疫情影响，你没有消费者，没有客流。没有客流的情况下，你没有收入，可能就支付不了租金，门店的租金你就付不起，这就显然是履行困难。并不是导致合同完全不能履行，如果是导致客观障碍，导致合同完全不能履行，这个时候就构成不可抗力了。不可抗力和情势变更的差别在于，情势变更是导致合同履行艰难，所以这就是英文经常讲的 hardship，它导致合同的履行出现艰难，异常艰难。用比较法的话讲，如果强令合同继续履行，会给另一方增加异常艰难的负担，这是情势变更。

另一个角度，这一次关于情势变更，民法典的最后措辞跟最高人民法院关于合同法司法解释的这个条款相比有明显的进步，这个进步在于：第一，在条件要件上，不属商业风险，没有采纳司法解释中的"又不属于不可抗力"。把那句话删掉了，就是因为不可抗力和情势变更的构成的客观事由，有可能是相同的，而它们的差别仅仅是影响的后果。在影响的后果上，形势变更导致履行艰难，而不可抗力导致不能履行，这个是有差别，但是事由上有可能是相同的。第二，跟我们的司法解释相比，民法典的重大进步在于：规定了重新协商义务，这主要是借鉴了比较法的经验，特别是《法国民法典》在2016年修订之后的新的第1195条。在民法典编纂过程中，我们是充分地研究了国际上最新的法律发展，结合中国的国情，作出了非常适合中国国情和符合国际发展潮流的改造。我们增加了重新协商，当然重新协商从法律角度来讲，严格说来不是一项真正的义务。因为如果对方拒绝重新协商，也不能够让他承担什么责任，也不能起诉他违约。他可以跟你协商，但是也有权拒绝。

另外，这个里边我们讲到了变更或解除。当然，在措辞上，尽管我们把变更放在前边、解除放在后边，并不是说必须要先变更再解除，而是用的"或"字，没有严格意义上的先后顺序。当然，从法官的角度来讲，尽量还是希望保存交易，如果变更合同，只是把合同的价格变更，这个时候交易得到保留；解除就是彻底消灭交易。所以，如果从鼓励交易的角度来讲，如果合同能够变更还是尽量地变更，只有确实是无法变更的情况下才解除。

下一个问题是关于代位权的问题。代位权是债的保全制度，债的保全制度简单来讲包括两个，一个代位权，一个撤销权。债的保全制度的核心目的是什么？核心目的就是保护债务人的责任资产，债的保全适用的前提是债务人的责任资产受到了不当减少。当然，这跟债务人的行为有关系，债务人的责任资产是债权人债权履行的担保。如果债务人不当减少责任资产的情况下，对于债权肯定是构成了危害。这里边有两种情况，代位权解决的情况是债务人消极懈怠，比如说明明在外面有债务不收，明明有其他的债权不去催收；而撤销权针对的是债务人积极的恶意行为，比如说你本身有财产，把财产免费或者是以不合理的低价处分给他人，危害到了债权人的债权。

这次民法典在代位权的内容上扩张了代位权的适用范围。实际上，除了传统的债权之外，还包括其他的权利，另外从这个后果来看，代位权采纳了司法解释所提出的直接履行说。就是说，由债务人的相对人，就是次债务人，向债权人履行债务。也就是如果债权人越过债务人找到次债务人，次债务人直接把钱给债权人就完了，而不需要把这个钱先给债务人，债务人再还给债权人。这是一种基于效率的考虑，另外也是为了激励债权人采取行动。

而对于撤销权，如果债权人发现债务人，要么无偿把自己的财产赠给别人，要么是有偿地以不合理的低价处分给别人。这种情况下，当然前提都是有恶意，而且危害到债权人的权利。这种情况下，撤销的后果必然是，债务人和第三人行为无效，无效之后的财产本身是要返回到债务人的责任之上，所以两者在后果上有点不一样。对于代位权，这个后果是次债务人直接向债权人履行；对于撤销权，撤销之后财产应该复归到债务人的责任资产里边，这个是有差别的。

关于解除，这也是非常复杂的内容。总体上，民法典在法定解除的框架里边，基本上保留了1999年合同法的有关规则，当然因为总体上这些规则是比较合理的。这里，当事人解除合同有五种事由。

第一，不可抗力，不能实现合同目的。前面我们在情势变更的时候讲过，如果是由于客观障碍导致合同不能履行，就属于这一条，这个是必须要解除，只能解除。因为合同已经不能履行了，没办法履行了，这个时候只能解除。比如说，如果有些合同必须要以人员现场到场作为条件，而由于疫情防控，这个时候禁止人员聚集。由于政府的法令导致合同不能履行，这个时候合同就只能解除。还比如说，购房合同，如果政府进行具有强制约束力的限购，由于限购新的政策的出现，在合同履行过程中，限购政策使得买方失去了购房资格，这种情况下合同没有办法履行。所以这种情况就是不可抗力，这都是政府的法律或者管制导致合同不能履行。这个是第一种情况，即不可抗力致使合同不能实现合同目的，这个时候只能解除。

第二，履行期限届满前，当事人一方明确表示以自己的行为不履行主要债务，这就是我们前面讲的预期违约。合同没到期，但提前告诉你我肯定不会履行。如果你确定地告诉对方你不会履行，这个时候，对方没有必要等到合同到期，坐以待毙，这个时候他可以提前采取措施。

第三，当事人一方迟延履行主要债务，且经催告后在合理期限内仍未履行。就是说，你已经延误了，对方催告了，给了你一个催告期，给了你一个宽限期，你又再次延误了，合同只能解除。因为这个是有重大过错。

第四，当事人一方迟延履行债务或者有其他违约行为，致使不能实现合同目的。由于你的迟延行为直接导致合同目的完全没办法实现。比如说，人家订购了一个 2020 年的台历，结果你送到人手上都已经是 2020 年 2 月了，这个时候要那个东西干什么。这是你的迟延直接导致合同的目的不能实现。

第五，法律规定的其他情形，就是指合同编的典型合同分则部分，对于一些特殊类型的合同，其中一方享有所谓的任意解除权，那个情况是很少的，那都是法律明确规定的情况。

另外，第 563 条增加了一个第 2 款，这是原来的 1999 年合同法所没有的。这就是"以持续履行的债务为内容的不定期合同，当事人可以随时解除合同，但是应当在合理期限之前通知对方"。

关于解除的效力，民法典也总体上延续了 1999 年合同法的规定，在这一块没有作出大的变革，因为 1999 年的合同法总体上在这个问题是比较合理的。第 566 条规定："合同解除后，尚未履行的，终止履行；已经履行的，根据履行情况和合同性质，当事人可以请求恢复原状或者采取其他补救措施，并有权请求赔偿损失。"这里的"尚未履行的，终止履行"，很好理解，如果这个合同本身分好几块，一部分已经履行了，另一部分没有履行。没有履行的部分由于合同解除了，后果是导致合同消灭，所以没有履行的就终止履行，这个没有什么问题。而真正复杂的在于，前面已经履行了，前面已经履行的部分要不要返还。用法律的术语讲，解除是不是有溯及力，这是个非常复杂的问题。中国法律上对于合同解除有没有溯及既往的效力，没有作出明确规定，而是作了一个非常灵活性的规定："根据履行情况和合同性质"。这是解决问题的关键。根据履行情况和合同性质，什么意思呢？这就是说，在部分得到履行的情况下，如果保留已经履行的部分，不影响其余部分，那么这种情况下，合同履行是没有溯及力的，就没有必要返还。打个比方说，你租一个房子，租期一年，每个月应该交租金，结果你交了半年，由于你后来没钱了，没工作了，交不起，从第 6 个月开始交不了租金。根据合同约定，超过多长时间逾期没交房租，比如超过半个月没交房租，这个时候房东可以解除合同。这种情况下，假设你前 5 个月已经交了租金，显然没有必要返还了。因为实际上你也使用了房屋，所以前面已经履行了 5 个月的租金，肯定是没有必要返还的。反过来，如果前边履行的部分，这种保有从债的本质来看是没有意义的，就是你保有部分履行，对他没有任何意义，这种情况就得返还。打个比方，你进口成套设备，人家给你交付了一部分，剩下的没交付。而没交付的部分往往是关键的，你保有给你交付的部分没什么用，因为你没有另一部分，你这部分也没用。再比如说，你买车，车没给你，光给你个车钥匙，也没意义。这个时候你保有个车钥匙有什么意义？你肯定得都还给他，这种情况下，我们说这个时候就要溯及，这个时候就要返还。这就是恢复原状。这个时候就要返还，要溯及既往地去消灭合同。

总体来说，中国法律，包括我们的民法典，在合同解除溯及力的问题上，是持一个非常有包容性的概念，并没有仔细去区分，而把仔细区分有无溯及力的情况交给法院、交给法官，根据合同具体的履行情况和合同性质去决定。通常我们会说，在技术性的合同里边，如果这个合同本身是可分之债，各个部分是可以分割的，就像刚才说的房屋租赁的情况下，这个时候是没有溯及力的，没有必要把已经履行的部分返还。而如果这个债本身是不可分的，这个时候是有溯及力的，这个时候保留一部分对债权人毫无意义，这个时候你是必须要返还的。这是第一个问题，溯及力。

第二个问题，是"合同因违约解除的，解除权人可以请求违约方承担违约责任，但是当事人另有约定的除外"。这就是说，合同解除不影响违约责任的承担。债务人不能说，合同没了，凭什么还要求我承担违约责任。这显然是没道理的。因为合同解除往往是债务人自己的违约，由债务人的过错造成的，所以合同解除不能免除他的责任。当然法律规定，如果当事人自己私下有另外约定的除外。

另外，这一次增加了一个新的第 3 款："主合同解除后，担保人对债务人应当承担的民事责任仍应当承担担保责任，但是担保合同另有约定的除外"。这是对担保的情况，担保责任具有相对的独立性。我们通常讲担保合同是从属的，通常如果按照从属性来说，主合同都没了，作为一个从属性合同，是不是也没了？不是这样的！法律明确规定：对于担保，主合同解除了，如果依照担保合同你本身还负有责任的话，那么你仍然应当继续承担责任。所以第 3 款是民法典相对于 1999 年合同法新增加的内容。

这是今天讲述的内容。感谢大家收看本次直播！

# 第六讲

# 他违约了，我怎么办？

## 朱 虎

中国人民大学法学院教授、博士生导师

全国人大常委会法工委民法典编纂工作专班成员

　　欢迎大家收看由司法部普法与依法治理局、中国人民大学法学院联合出品，百度 APP 联合制作的《民法典开讲》公益公开课。我是中国人民大学法学院朱虎，今天想跟诸位聊的一个话题是：他违约了，我怎么办？

　　之所以想聊这么一个话题，主要也是来源于我自己的一些生活经验。由于我的亲戚朋友都知道我是学法律的，所以经常会收到我伯伯、叔叔、姑姑、老姨等这些亲戚或者朋友打来的电话，说：我和谁签订了一个合同，结果他不厚道，不按说的办，现在怎么弄？然后他们就问我说：我是不是可以找人打他们一顿？我经常会回答：别着急，我们还是要依法行事。

　　那么，什么叫依法行事？这实际上就会涉及民法典中所规定的违约救济。我们都非常清楚，对于一个人来讲，一辈子甚至每一天都需要与合同打交道，只是我们有时候不知道这叫合同。我们口渴了在超市买一瓶水，这是合同。我们买房子，这是合同。我们网购，这也是合同。那么，对于合同来讲，它不外乎签订一个东西，让大家能够信守自己的承诺，这是我们社会主义核心价值观所说的诚信。

　　我们中国古话也经常会讲：君子一言，驷马难追；言必信，行必果，等等。其实都是在表达遵守合同的重要性，但是当签订合同之后，人置身于合同之中的时候，就会面临着对方违约的可能性。所以我们也经常会感叹：人心不古。其实，就合同的违约可能性而言，中国的很多俗语也会表明这一点。比如我们经常会说无奸不商，其实这个"奸"最早是尖锐的"尖"，它的意思是说我们去买米，那么卖米的商人，要把米弄得高高的，然后对我们卖家比较好，这样的话才能做生意做得久远，这叫"无尖不商"。只是后来以讹传讹，可能也是基于对一些中国的现实情况的了解，所以就变成了"无奸不商"，就是比较奸诈才能成为商人。这一点上我们经常也会讲，为什么人心不古的原因，那么其实违约的情形都会常见。但是在之前的社会里边，也许违约倒不是什么太大的问题，因为我们以前都是一个村里边，还有左邻右舍，这就是一个熟人社会，他违约了，我可能通过各种方式给他施加压力，甚至还有这么一个熟人社会中的舆论压力。而且以前买东西都是一种农村的集市交易，往往是一手交钱、一手交货。当然，在这里边也会出现违约的可能性，比如说所交的货可能质量不合格。但是在当代社会里边，这么一个熟人社会慢慢演变成一个大规模的陌生人社会。在此种情况之下，我们就会看到，违约的风险就会加大。再加上我们现在不再局限于一手交钱、一手交货这些交易过程，而是更多的要进行信用交易，先给货或者先给钱。这时候违约的风险就会大大加强。

所以，民法典在原先的合同法的基础之上，也同样规定了违约救济，这实际上就是要解决一个问题，就是我们经常所说的"别让老实人吃亏"。当一个人不守信的时候，要给他一定的惩罚，这是我们今天所要聊的一个主要的内容。

我们具体来展开这个话题，首先从一个案例来开始。这个案例很简单：甲与乙就一批设备订立了一个买卖合同，双方约定，甲在 2020 年 5 月 31 日，也就是今天，交付设备并转移设备的所有权，乙在同日支付价款。已经到了 5 月 31 日了，甲突然变脸，拒绝向乙交付设备。那么问题来了，如果乙给我打电话，说：我怎么办？约好了交货他不交货。我听你的话，我们找法律去，按照法律处理，我有什么样子的救济措施和救济可能性呢？这恰恰就是我们今天重点将跟诸位交流的一个话题。

首先，第一种，救济的可能性，我们在民法中或者民法典里边，把它称为履行抗辩权。这个是什么意思呢？听起来好像很玄奥的样子。其实特别简单，看一看《民法典》第 525 条："当事人互负债务，没有先后履行顺序的，应当同时履行。一方在对方履行之前有权拒绝其履行请求。一方在对方履行债务不符合约定时，有权拒绝其相应的履行请求。"

我们看到，如果我花钱买一个设备，我要付钱，对方要给我交设备。这时候，其实就是一种所谓的互负债务，当没有约定先后的履行顺序时，一手交钱、一手交货。在这种情况之下，当对方不给我交货，我就不给他支付价款，也就是不交钱。如果用最简单的一句话来说，你不给我也不给。这就是我们说的履行抗辩权。当他不给我也不给的时候，这时候就意味着我在行使这么一种履行抗辩权。此种情况之下，通过自己的不履行来督促对方履行，你不给我交货，我就不给你交钱，我不给你交钱，你就获得不了利润。在这种情况之下，通过履行抗辩权来解决督促对方履行债务的问题，同时它也构成了对我个人的一种救济的方式，这是我们说的履行抗辩权之一。

还有什么履行抗辩权？我们把这个案情稍微地变化一下，刚才说的是：一手交钱、一手交货。那么现在，双方约定不是一手交钱一手交货了，而是甲应当在 2020 年 5 月 1 日交付设备，就要交货。乙在 5 月 31 日再支付价金，也就是交钱。在这种情况之下，也就不是刚才第 525 条所说的"互负债务，没有先后履行顺序"，而是互负债务却有先后的履行顺序，必须要先交货再交钱。那么，如果甲应当先交货，他没有交货，就请求乙支付价金，也就是交钱。在此种情况之下，乙就可以再行使另外一种履行抗辩权，也就是所谓的先履行或者后履行抗辩权，这也是《民法典》第 526 条所规定的："当事人互负债务，有先后履行顺序，应当先履行债务一方未履行的，后履行一方有权拒绝其履行请求。先履行一方履行债务不符合约定的，后履行一方有权拒绝其相应的履行请求"。简单来说，就是：应先给的不给，应后给的也不给。这一点上与刚才所说的同时履行抗辩权，有异曲同工之妙，只是它的适用前提和范围稍有不同而已。

这是我们所说的采取的第一种救济的方式，不要让我的钱打了水漂了，不给我货或者交的货不符合质量约定，我交钱了，给他了，怎么办呢？当然，这仅仅是一种暂时性的来阻止对方的请求。当甲向我请求要我交钱的时候，我会行使这么一种抗辩权，来不履行自己对对方所负的债务，但是这仅仅是暂时性的。那问题又来了，如果这个设备我需要，他现在不交给我这个设备，我也可能没办法利用这个设备，比如开工生产、建造，这时候又怎么办？

我们看看同样就会涉及案情的稍微的变化，仍然是刚才那个案情，现在变成什么呢？说如果甲按约定应在 2020 年 5 月 31 日这一天交货，交付设备并转移所有权，但在这一天他没有交货，乙就对甲进行了催告：你赶快交货，你这是违约了，赶快交货。催告了。甲在合理催告后的合理期间内仍不履行。甲说你催告我不理你，仍然没有履行合同。乙看一看，说我没法获得这个设备，怎么办呢？乙就想了，说我当然可以不交钱，你不给我货我不给你钱，这就是我们刚才提到的履行抗辩权。但是问题在于，乙说我是可以不交钱，但是我需要这个设备。所以想想，说你这个甲太不守信用了，做人不厚道，在此种情况之下，乙就可能会作出另外一个决策，我不再和你纠缠了。我要从别人那里再买同样的设备，这时候乙怎么做呢？这是我们说的第一种可能的情形。

而第二种可能的情形是什么呢？同样如刚才的案例所言，仍然约定在 5 月 31 日交货。现在与刚才的情形稍微有点不同的是，甲在 2020 年 5 月 31 日按期交付了设备，并转移了所有权，履行了债务。但是把这个设备交给乙之后，乙检查设备的时候就发现这个设备的质量不合格，乙根本无法使用。这时候，乙对甲的产品质量和商业信誉心灰意冷，说原来甲是卖山寨货的，它再生产能生产出正品吗，它还是一个山寨货，所以乙就说了：我得找别人去，我不能在这家买了，不能在一棵树上吊死，所以乙也同样希望脱离与甲的交易关系，我不愿再和甲纠缠了。这时候乙又应当怎么做呢？所以我们可以看到，这时候就会出现第二种可能的违约的救济措施，我们把它称为解除合同。

什么叫解除合同呢？我们知道，当合同一旦签订并且生效之后，合同对于双方当事人都有约束力，那就意味着双方当事人都应当按照合同的约定去履行债务。而所谓的解除合同，就是使得当事人能够摆脱合同的约束，我不再受这个合同约束了。在解除合同之后，就有机会和别人进行交易，并且请求返还解除人已经作出的履行。既然合同已经被解除了，义务消灭了，我在此之前就付给你的钱，你得先还我，这是我们所提到过的解除的问题。简单来说，解除就相当于夫妻两口子离婚，不在一起过了。这就是我们说的解除。

那么，解除当然很重要，它使得当事人能够重新获得一种交易的自由，相当于两口子离婚之后，说我又可以选择新的结婚对象了，其实就是这么一个逻辑。但是解除既然有这么强的一个效力，不再受到合同约束了，可能就会出现解除的滥用。我们再想一想，如果滥用解除权使得一个合同动辄就没有办法来约束当事人。这个合同实际上作用就不大了。

那么，我们又怎么在合同的严守和这种违约救济之间形成平衡，其实就是在解除中所重点要考虑的一个问题。那么按照我们目前的民法典的规定，其始终贯彻了一个最核心的观念：对于解除来说，必须是导致合同目的不能实现的时候，这个时候才产生所谓的法定解除权。这点上也仍然相当于我们离婚的时候说的一样，鸡毛蒜皮的小事能凑合着过，咱就一起过，就别离婚了。在合同中相当于咱们别解除了。那么只有达到实在没法在一起过的时候，我们才讲离婚，在合同中我们才讲解除合同。那么如果用一个稍微的学理化的名词来概括它，其实就是：只有这么一个违约行为达到了一种根本违约的程度，在此种情况之下，才产生法定解除权，才有可能解除合同，摆脱合同的约束。所谓的根本违约，就是当事人没法在一起过了，没法再继续进行交易。

我们看一看，在《民法典》第563条第1款，特别强调这件事，说有下列情形之一的，当事人可以解除合同：第一项规定的是，因不可抗力致使不能实现合同目的。如果仅仅发生不可抗力，但是没有达到合同目的不能实现的程度，在此种情况之下，就不能够解除合同。那么同样，第二项规定是什么呢？说在履行期限届满前，当事人一方明确表示或者以自己的行为表明不履行主要债务。双方约定的履行期限届满之前，对方就说了：别等了，到时候我肯定不履行。这时候就已经出现了所谓的根本违约这么一个情况。第三种情形是什么呢？说的是当事人一方迟延履行主要债务，经催告后在合理期限内仍未履行。如果回到我们刚才所说的小案例，说的就是 5 月 31 日约定交付设备，然后到期没有交付，乙就对甲进行了催告，合理期限之后，甲仍然不履行合同，这时候就会产生乙的法定解除权，乙就有权解除合同。我不和你一起过了，我要找别人去进行交易，是这么一个方式，叫迟延履行主要债务，经催告后，在合理期限内仍未履行。那么还有第四项，说的是当事人一方迟延履行债务或者有其他违约行为致使不能实现合同目的。在此种情况之下，所谓的守约方，他也享有一种法定解除权。如果回到我们刚才的小案例里边，就可以非常清楚地看到。

第二个小案例说的是什么呢？说甲在 2020 年 5 月 31 日如期交付了设备，按期交付了设备，并转移了设备的所有权。但是交的设备不符合约定的质量要求，质量不合格，没办法进行利用。在此种情况之下，我们就可以讲，这属于甲有其他违约行为致使不能实现合同目的。那么作为买方的乙，在此种情况之下，也同样享有所谓的法定解除权。

大家请注意到，我刚才一直说的是符合这些条件的时候，享有法定解除权，但是我没有讲，合同被解除掉，这意味着什么呢？当这些情形出现的时候，也仅仅是使得乙有法定解除权，但有法定解除权，不代表他必然行使，他可以行使也可以不行使，仍然交给乙来自由地决定：你的事你来决定，我只是给你这个权利。如果乙行使了法定解除权，这时候合同就被解除掉；如果乙不行使法定解除权，这时候合同仍然约束甲乙双方当事人。所以我们看到，有解除权，并不代表合同被解除，真的要使得合同被解除，使双方不在一起过了。在此种情况之下，必须要行使法定解除权。

我们看到，行使法定解除权，又可能会出现一系列的问题。而民法典恰恰也对这些问题进行了非常详尽的规定。比如说，第564条专门提到，说解除权，你有解除权，你有权解除合同，但问题是我不能老等着你到底解不解除，你得给个准信儿，这个要生要死来一刀，你不能够老是这么讲，说要解除不解除，到底解不解除。所以这种情况之下，第564条又规定了这么一个解除权的行使期限。它这么说的，说法律规定或者当事人约定解除权行使期限，期间届满当事人不行使的，该权利消灭。比如，双方当事人约定了，说如果产生解除权，应当在三个月之内行使。三个月内得行使，给个准信儿，到底行使还是不行使。结果到三个月届满了，在这个届满之前解除权人既不说行使也不说不行使，在此种情况之下，我们说三个月的期限届满，乙就不能再解除合同了。当然，不能够解除合同，并不意味着他不可以请求违约赔偿等其他违约责任，只是不能解除合同。可是很多人又问了，说这是约定了三个月的解除期限，如果没约定的，看法律规定；法律没规定的，既没约定法律也没规定，怎么办？这时候《民法典》第564条，在《合同法》的基础之上，又增加了一个规定："法律没有规定或者当事人没有约定解除权行使期限，自解除权人知道或者应当知道解除事由之日起一年内不行使，或者经对方催告后在合理期限内不行使的，该权利消灭"。这个听起来很拗口，对不对？但是实际上，意思特别简单。要么，法律没有规定，当事人也没有约定，你必须在知道或者应当知道解除事由之日起，你有解除权了，一年内你得行使，你在一年内不行使的话，你之后就别再行使了，你就不能够解除合同了。或者，经对方催告后，在合理期限内不行使，说的什么意思呢？可能，刚才那个例子里边，甲也知道自己违约了，知道乙有解除权，但这时候甲就催告了说，到底行不行使，给个准信儿。这时候甲催告乙行使，乙在经过催告之后的合理期限内，仍然什么也不说，什么也不做。乙既不说行使，也不说不行使。在这种情况之下，解除权也消灭。而之所以规定解除权消灭，实际上的目的恰恰就是使得双方当事人的交易关系能够确定下来，有解除权，也得在一定期限内行使才可以，是这么一个问题。

当然，在实践过程里边，还经常出现放弃解除权的情形。当事人说了，我有解除权，但我不行使，我放弃。在此种情况之下，当然也是解除权消灭了，你就不能再行使解除权。我举个例子，比如说，甲把这个房子租给了乙，乙交租金，甲是出租人，约定三个月付一次租金，结果到了三个月之后，乙不付租金。在此种情况之下，甲就享有了法定解除权，但是甲可以明确说，我有解除权，但是我和你关系好，我给你一个机会，这次我不行使了。这当然没有问题。这就是所谓的放弃解除权。但同时，也有可能当事人甲不会这么说，在实践过程里面，经常会出现很多复杂的问题。比如说，仍然是刚才所说的未交租金的例子。那么乙未交租金，在这种情况之下，乙再过一段时间又把他之前所欠交的租金交给了甲。这时候甲接受了，可不可以认为甲是放弃解除权？我想，也并不能够当然地这么认为，在很多情况之下，乙把欠交的租金交给了甲，可能仅仅意味着，甲想的是我先把租金拿着，至于其他损失之后再赔。但是我先拿着乙本来就该交给我的租金，并不意味着我放弃解除权。如果对比另外一种情形，可能就会更清晰明了。乙作为承租人，不仅把之前所欠交的租金交给了甲，还把之后几个月的租金也交给了甲，甲接受了。这时候甲的接受，往往就可能意味着放弃解除权。因为乙交的租金还包括了之后几个月交的租金，还没到期的租金已经先给甲了。在这种情况之下，甲来接受，就可能表明他是放弃了解除权。所以在实践过程里面，可能会有大量的情形需要进行判断，这是我们说的这么一个问题。

当然，刚才提到了解除权有一定的期间，但是如果有解除权，而且解除权还没消灭。这时候合同，仍然没有解除，怎么办呢？这时候必须来一个解除权人，得行使解除权才可以。什么叫行使解除权？那么我们看到《民法典》第 565 条专门对此进行了规定："当事人一方依法主张解除合同的，应当通知对方"。什么叫通知对方？当然口头也行，书面也行，但是请诸位留意，口头通知往往不好证明，书面通知才好证明。所以在生活之中，如果你真的想解除合同的话，那么最好能够以书面的方式来发出一个解除通知。这时候只要解除权人有解除权，他发出了解除通知，不管对方同不同意解除，合同在通知到达对方时，都被解除掉。

这是我们说的这么一个情况，当然在法律里面，说得更复杂一些。但是在这里，我们既然是一个普法的节目，所以我也不想说得那么细致。当然说发通知，可是有的人会讲了，我发通知，不靠谱，对方有不同意见，怎么办？所以在实践之中往往是解除权人发出解除通知之后，为了更加确定，他又向法院起诉解除合同。先发了一个解除通知，再向法院起诉，解除合同。《民法典》第565条也针对此种情形做了一个规定："对方对解除合同有异议的，任何一方当事人均可以请求人民法院或者仲裁机构确认解除行为的效力"。这意味着什么呢？解除权人发出了解除通知，为了确定，他向法院起诉，向法院起诉之后，他说我要求解除合同，实际上他已经发了解除通知。法院经过审理认为，解除权人是有解除权的。在此种情况之下，法院就应当确认解除的效力，也就是确认当通知到达对方的时候，合同已经被解除了，而不是自作出判决或者判决生效时，合同再解除，是这么一个情况。

当然，在实践里边，除了先发了一个解除通知，再请求法院确认解除合同，合同被解除掉，还有可能出现的情形是什么呢？说当事人一方没通知，他不发解除通知，直接到法院起诉去，说我多一道干吗，我直接到法院起诉去。在此种情况之下，我们看到原来的合同法对此没有规定，在实践中却非常常见，当事人往往会为了寻求确定，说发几个通知也没什么用，不确定，直接到法院起诉。《民法典》第565条第2款，专门规定了这一种情形，当事人一方未通知对方，没发解除通知，直接以提起诉讼或者申请仲裁的方式，依法主张解除合同。也就是不发解除通知而直接解除合同，向法院起诉解除合同。在此种情况下怎么办？"人民法院或者仲裁机构确认该主张的"，说原告你确实有解除权，合同自起诉状副本或者仲裁申请书副本送达对方时解除。它类似于什么情况呢？类似于有解除权的一方当事人，通过法院向对方送达了一个解除通知，只不过这个解除通知是起诉状的副本。所以当起诉状副本，也就是以起诉状副本形式所出具的解除通知到达对方当事人的时候，合同就已经被解除掉了。

所以诸位可以看到，当对方出现了刚才所提到过的根本违约的时候，合同不是自动解除，而是仅仅产生了一个法定解除权。此种法定解除权必须被当事人依法行使，主张发出解除通知或者向法院提起诉讼、向仲裁机构提起仲裁申请等这些方式，简而言之，就是行使了解除权之后，合同才被解除掉。

所以说，刚才我们提到了，什么时候有解除权，我怎么行使解除权，那么同样也会涉及最后一个问题，合同解除了之后怎么办？在法律上把它称为解除权，合同被解除之后的法律后果。《民法典》第566条也有专门对此作的规定，其第1款就提到："合同解除后，尚未履行的，终止履行"，都还没有履行的，这时候就别再履行了；"已经履行的，根据履行情况和合同性质，当事人可以请求恢复原状或者采取其他补救措施，并有权请求赔偿损失"。它说的什么意思呢？没有履行的，那就别再履行了；已经履行的，我可不可以请求返还呢？可以，在这种情况之下，要根据履行情况和合同性质。比如说，刚才提到过的买卖设备的合同，如果甲违约了，但是乙在此之前已经把钱交了。那么在合同被解除之后，乙就有权请求甲恢复原状。

这一点上法律规定得很清楚，可是还有些合同没有必要恢复原状。比如说租赁合同，承租人不交租金，但他已经住了一段时间了，这时候怎么个恢复原状法？当然，要把房子还给别人，这毫无疑问。但是这时候，我已经住过了，没法返还了。在这种情况之下，法律这么说的，就"根据履行情况和合同性质"，像租赁合同，每一个期间即租赁的期间，都有一个相对应的租金对价。在这种情况之下，合同解除之后只是向将来发生效力，只是让尚未履行的终止履行，但是已经履行的也不要再互相返还了，也不要再恢复原状了。这是我们所说的根据履行情况和合同性质。

当然，在这里《民法典》又进一步规定，第 566 条第 2 款："合同因违约解除的，解除权人可以请求违约方承担违约责任"。解除只是摆脱合同约束，违约责任是让我得到弥补。所以这两个规则的目的不一样，在此种情况之下，是用这么一种方式来进行处理。所以，这同样就会涉及我们说的救济措施三，也就是违约责任。我们刚才提到了有履行抗辩权，有解除合同，那么第三种可能采取的措施是什么呢？违约责任。我们看一看，仍然是刚才买设备的例子，再进一步地展开，说如果甲没有按照约定，在 2020 年 5 月 31 日交付设备给乙，并转移所有权，或者甲虽然交付了设备并转移了所有权，但交付的设备的质量不合格，那么乙当然可以解除合同。除了解除合同之外，他还有什么救济措施呢？同样，我们再接着看第二个例子，说同样是甲没有在 2020 年 5 月 31 日交付设备给乙，并移转所有权，但是乙买这个设备是为了开工生产的，当甲不把设备交给乙的时候，乙没法取得这个设备，没办法开工生产，停工一天损失肯定大了，而且停工的时间还挺长的。在这种情况之下，对乙造成了停工停业的损失，我们假定 500 万元，乙怎么办？乙说，我解除合同。乙解除合同仅仅意味着不再受到合同约束，乙可以从别的地方买这个设备，但是已经造成的损失怎么办？所以就会涉及我们刚才提到的第三种违约救济措施，也就是违约责任。

那么，我们看一看，《民法典》第 577 条专门对此作了一个规定："当事人一方不履行合同义务或者履行合同义务不符合约定的，应当承担继续履行、采取补救措施或者赔偿损失等违约责任"。你不履行，现在我请求你履行我们约定的义务，这叫继续履行。采取补救措施，往往出现在质量不合格的这些情形里边。什么意思呢？你是履行了，但是你质量不合格，在这种情况之下该修理的修理，该重做的重做，这种情况我们称为采取补救措施。还有一种就是赔偿损失，你导致了我的损失，我亏本了，你得赔钱，赔偿损失就是赔钱。这几种措施其实我们都称为违约责任。

我们现在先来一一地观察一下，首先来看一下继续履行。《民法典》第 579 条："当事人一方未支付价款、报酬、租金、利息，或者不履行其他金钱债务的，对方可以请求其支付。"比如，刚才提到过的，甲把设备出卖给乙的例子里边，甲按期交付了设备，但是乙不给钱，在这种情况之下，我们就说乙未支付价款，甲可以请求乙予以支付，这意思是你必须把约定的价款支付了。这是我们称之为继续履行的一种。当然，刚才说的是金钱债务，但如果是非金钱债务呢？在刚才的例子里面，甲不交设备或者交付设备不符合质量要求，在此种情况之下，怎么办？那么《民法典》第 580 条第 1 款说："当事人一方不履行非金钱债务或者履行非金钱债务不符合约定的，对方可以请求履行"。什么意思呢？当甲和乙约定，甲要在那一天交付设备，但是甲不履行交付设备这种非金钱债务。在此种情况之下，买方乙可以请求甲交付设备并转移设备的所有权。这就是我们说的继续履行。

但是，我们必然会考虑到，有些情况可能是没办法请求继续履行的。什么意思呢？举个例子，现在经常会看网络小说，有时候会追网络小说，有的小说特别特别火，那么这个网站就可能会和这部网络小说的作者来签订一个协议，说：这个给你多少钱，你每天给我日更，我们要日更，每天更新多少字，以吸引流量。这是常见的一个合同。但问题来了，说作者签了合同之后，前一段时间刚开始特兴奋，那就签，那就写，文思泉涌，每天都能完成。但是后来发现越来越文思枯竭，而且已经厌烦了，每天关在家里写小说，为什么不让我看看我们祖国的大好河山呢，不给我这个时间呢？所以，他违约了，说这几天我不更了，你看着办，你开空窗。这种情况之下，网站说那可不行，你得给我继续履行。这种情况之下，可不可以的？当然网站可以提出诉讼请求，但是对方说我就不更，怎么着吧？说不行，你必须给我更。问题在于，这是一种创造性的劳动，当作者就不写的时候，谁也没办法按着他写。在此种情况之下，我们看到这种债务，每天日更的债务，就没办法请求继续履行。在法律上很多情形都是如此，我再举个例子。比如说，现在全民淘宝热，所以各种节目都会出现鉴宝、鉴定，可能有一个宝贝特别好，我一看到这个宝贝漂亮，我就买这个宝贝，世间独一份，当然不构成国家文物，按照《文物保护法》，如果构成国家文物的话是不能进行交易的。不构成一级保护文物，但是世间独一份，我喜欢，千金难买我喜欢。所以，我就和古董的持有人签订了一个古董的买卖合同，一个花瓶，说我给你多少钱，你把花瓶给我。在约定的交付日期的前几天，卖方说，我得看看我的花瓶，我的宝贝，我要离开它了，交给别人了，我也没办法，我喜欢你，但我为了钱我没辙，所以得告别一下。结果，不小心，告别的时候太热了，像我现在一样，满头是汗，结果把花瓶给摔了，摔碎了。在此种情况之下，你说继续履行，你违约了，到期你不交给我，你就必须继续履行。可是怎么个继续履行法？花瓶，特别是古董的花瓶，在法律中我们把它称为特定物，没办法找到替代的。在这种情况之下，也没办法请求继续履行，只能是该赔钱赔钱，但没办法请求继续履行。所以《民法典》也考虑到这些情况，第 580 条第 1 款："当事人一方不履行非金钱债务或者履行非金钱债务不符合约定的，对方可以请求履行，但是有下列情形之一的除外"。它规定的第一项"法律上或者事实上不能履行"，刚才提到过的花瓶摔碎了，世间独一份特定物，这就属于事实上不能履行。第二项说"债务的标的不适于强制履行或者履行费用过高"，比如说，刚才提到过的，让你每天日更小说的这么一个债务，这个属于不适于强制履行，你没办法按着他来写。在此种情况之下，也不能请求继续履行，但可以请求赔钱，也就是赔偿损失。还有第三项，就是"债权人在合理期限内未请求履行"，也别再请求继续履行了，但是不妨碍请求赔钱。这是我们说的"继续履行"，是这么一个事情。

当然了，在很多情况之下，继续履行，根据债务的性质，刚才提到的日更，他不能够继续履行，包括你帮我修理房子，你不给我修理，我也没办法押着你来修理，这都属于根据债务的性质不能够强制履行。这事怎么办呢？《民法典》第 581 条又专门作了一个规定："当事人一方不履行债务或者履行债务不符合约定，根据债务的性质不得强制履行的，对方可以请求其负担由第三人替代履行的费用。"这话什么意思呢？其实特简单，像刚才我们所说的，我请求你帮我把房子修理修理，结果你不来修理，我也没办法强迫你给我修理。这就是根据债务的性质，不得强制履行。我怎么办？这房子漏雨，在此种情况之下，我就可以找一个第三人，另外一个专业人士，修房子的专家，把房子修了。修了之后那得付钱，这时候我给实际修房子的专家付的钱，这种钱必须由违约方来赔，这就是我们所提到过的，对方可以请求违约方负担由第三人替代履行的费用，是这么一个问题。

还有什么情况呢？就是我们说的继续履行，《民法典·合同编》所提到过的采取补救措施，是什么意思？在这里我们首先来看一看《民法典》第582条的规定："履行不符合约定的，应当按照当事人的约定承担违约责任。对违约责任没有约定或者约定不明确，依据本法第五百一十条的规定仍不能确定的，受损害方根据标的的性质以及损失的大小，可以合理选择请求对方承担修理、重作、更换、退货、减少价款或者报酬等违约责任"。东西交付后发现质量有问题，你给我修理一下；承揽合同里边我让你帮我订作一个东西，结果你交的货有问题，我可以请求你重作；还不行，你交给我的货有问题，还可以更换。这叫修理、重作、更换，实在不行，退货，还有减少价款。这个东西，虽然等级低一点，我也能用，但是这个不值那么多钱，要减少价款或者报酬，说的是这么一回事。

这是我们说的采取补救措施，这么一个情况。在继续履行还有采取补救措施之余，还有另外一种违约责任，叫作赔偿损失，就是我们俗称的赔钱。那么什么叫赔偿损失？我们仍然先看一下《民法典》第584条的规定："当事人一方不履行合同义务或者履行合同义务不符合约定，造成对方损失的，损失赔偿额应当相当于因违约所造成的损失，包括合同履行后可以获得的利益；但是，不得超过违约一方订立合同时预见到或者应当预见到的因违约可能造成的损失"。当读完这个条文的时候，如果没有学过法律的，觉得这是天书吗？听不懂啊。其实说起来，把它说白了，就比较简单了。我为什么签订一个合同？往往我签订合同的意图，不仅仅是让我现有的利益不减少，还想获得一些东西，不但不受损失，还要让我的生活更美好。这往往是当事人签订合同的意图，比如说，养鸡场养了很多鸡，在这种情况下，可能还要不停地从外边再买鸡回来，继续饲养。养鸡场为什么要买这些鸡呢？不仅是让养鸡场已经有的鸡不受损失，还要继续扩大生产。我要成养鸡大王，现在国家鼓励农业生产，不但不要让我现在的鸡受损失，还要让我生活更美好，这就是我们签订合同的意图。所以在很多情况之下，当事人签订合同，有可能有多种目的，但是最直接的目的往往就是这个。但基于这么一个合同意图签订合同的时候，问题出现了，这个养鸡场买的鸡，从别家那再进的一批鸡是病鸡，鸡得了鸡瘟。买过来之后，这个鸡瘟不但让我买的这批鸡有鸡瘟，卖不出去，也没法养，纷纷死亡，死亡率很高。造成损失，没办法让我获得我想获得的利益，我买这批鸡就是为了再卖掉，但是卖不掉了。这就是我想要更好的生活，现在没法要了。但是问题还不仅如此，进的这批鸡因为有鸡瘟，导致养鸡场原有的一批鸡也得了鸡瘟。这什么意思？不但没法让我的生活更美好，还让我已经有的美好生活变得不那么美好了。在此种情况之下，我有实际损失，也有本来可以获得的利益，但是由于你履行合同义务不符合约定，我这个利益没法获得，这就是我们说的所受损失和所失利益。在这种情况之下，你都得赔我，谁让你不履行合同义务或者履行合同义务不符合约定，你得赔我。这就是刚才我们法条里面所提到的，损失赔偿额应当相当于因违约造成的损失，包括合同履行后可以获得的利益的意思。在刚才说的养鸡场的例子中，不但卖方也就是出售病鸡的一方要赔偿这批鸡的损失，还要赔偿养鸡场原有的那批鸡中，因为被传染而生了鸡瘟导致的损失，叫所失利益和所受损失，这些都要进行赔偿。

但是为什么合同编条文里来了一句：但是，不得超过违约一方订立合同时预见到或者应当预见到的因违约可能造成的损失。这个又指的是什么呢？我们仍然举个例子，比如说，现在网约车比较发达。我第二天要赶飞机，早上一大早要赶飞机，第一班飞机，一般这种第一班飞机正点率比较高。我就前一天晚上约了一辆车，说第二天早上6：30，在什么什么地方来接我。接单，都答应了。但是问题来了，到第二天6：30的时候，接我的司机没有按照约定到达接我的地点，我就在那儿等，到处找车找不着，一直延误到7：00，车才来了。大家知道，在很多大城市，晚半小时就相当于晚一个半小时。因为7：00之后就堵车了，由于堵车导致我没有按时地赶到机场乘坐上飞机。我为什么要乘坐飞机，我是要谈生意的，这个生意我只要按时坐飞机到达了地点的话，我只要一出现，就能搞定这个合同，搞定合同我就可以赚1000万元，这个合同利润很高。现在问题来了，你看看，因为你没有按时到约定地点去接我，你迟到了，结果导致了我赶不上这趟飞机，结果导致了我没法按时到达我想要的地点，结果导致了我没有办法签订这个合同，结果导致了我遭受1000万元的损失。因果关系很清楚，但问题在于，让网约车司机全赔吗？赔你1000万元？这种情况，这就是合同编这么一个规定的意图，为什么不得超过违约一方订立合同时预见到或者应当预见到的因违约可能造成的损失。你没有告诉这个司机，他怎么知道你去赶飞机是旅游还是签合同，抑或是其他事情呢，他没法预见到你会有

1000万元的损失。这就是我们在小时候经常读的一个童话故事，叫作"一个马蹄铁失掉一个王国"。国王有一匹马要钉上马蹄铁，钉马蹄铁的匠人少钉了一个钉子，这匹马是国王的战马。国王的战马骑上战场之后，由于少钉了一颗钉子，导致马失前蹄，国王被敌人俘虏了，进而王国灭失了。这叫"一个马蹄铁失掉一个王国"，这个因果关系也很清楚。但是假定国王可以对钉马蹄铁的匠人说：赔偿我一个王国。我们想一想，这种情况之下，我们要限制这种责任。要告知对方，告知对方说：你必须按时来接我，要不然我会损失1000万元。你没有告知对方，对方就预见不了，不应该承担损失。如果你告知他了，对方可有两个选择：第一，多点钱，你这个事情太重要了，我不敢保证，但是你多给我100块钱，我一定能按时到。他可以采取这种决策，或者他在实在无法的情况之下，可以说我不接了，我不接这个单。你不告诉对方，使得对方没有办法作出一个合理的商业决策甚至我们说的生活决策。这时候你要对方承担那么大的损失赔偿的话，就会把我们的生活搞乱了，让每个人生活的时候都会战战兢兢，说我的一个行为可能会导致一连串的损失，我赔不起。这也是一种不可预的社会的生活状态。这是我们所说的违约责任中很重要的一件事情。

刚才提到过，要赔偿你所受的损失和所失的利益，但问题是对于守约方来讲，得证明损失的存在，有时候损失是不那么好证明的。如果你证明不了，那么往往这个要求对方赔偿损失的请求，不太容易被支持。所以说，为了降低这么一个举证的困难，并且督促对方履行，这时候除了刚才说的法律规定的赔偿损失之外，还可以通过当事人事先约定，当一方出现违约的时候，要承担多少违约责任。通过约定的违约责任、赔偿责任，来实现这么一个目的，也就是降低举证的困难。

诸位可能都买了房子，都知道买房子的时候，合同往往会有个约定，那就是开发商如果在多长时间之内没有按期交房，或者没有按期地办理所有权的过户登记。在这种情况之下，开发商要付违约金，往往是按照购房价款的每日万分之几来计算，这就是我们所说约定的形式。如果到时候开发商没有按期交房，或者办理房屋的过户登记，买方就可以请求法院，说我不要证明我的损失，我就让他赔这么多钱，我们约定了，每日万分之几，现在看看多少天？90天。算一下多少钱。这会降低买方也就是受损失方或者叫守约方的举证的困难，它不需要证明损失的存在。这种情况之下，我们把这种称为违约金。《民法典》专门对此作出了规定，第585条第1款："当事人可以约定一方违约时应当根据违约情况向对方支付一定数额的违约金"，支付一定数额，你违约了，给我10万元，这叫一定数额。"也可以约定因违约产生的损失赔偿额的计算方法"，例如刚才提到过的迟延交房每日按照购房价格的万分之几来计算。这都是约定违约金，但是有时候约定的违约金可能会低于造成的损失，我的实际损失可能比违约金大多了。在这种情况之下，法律规定，人民法院或者仲裁机构可以根据当事人的请求予以增加。但是增加到什么程度？你的实际损失那个程度。如果约定的违约金过分高于造成的损失，没那么多损失，约定的违约金太高了。请注意到，说的是"过分"高于，而前面说的约定的违约金低于造成的损失，没有"过分"两个字，只要低了，违约方就要赔，就可以调整。这是我们所说的"低于"，但是这里面"过分高于"造成的损失，这里面也体现出对守约方的保护。只有在过分高的情况之下，人民法院或者仲裁机构可以根据当事人的请求，予以适当减少。但是请注意，这里边不是说你请求调低了，法院就一定调低，而是说"可以"根据当事人的请求，这里边并没有用"应当"两个字，没有讲法院或者仲裁机构应当予以适当减少，而是"可以"根据当事人请求予以适当减少。说的是这个意思。

因为这里面需要判断的因素很多，比如说，在两个公司的交易里边，我们假定每个公司都是理性十足的，商业交易，如果你约定了一个比较高的违约金，这可能是双方的商人进行了利益衡量之后的结果，那么你就不能够动辄以约定的违约金过分高，来请求法院必须要给你调低。这时候法院在判断要不要调低违约金的时候，是要考虑到种种因素的，这也可以体现出来商业交易和民事交易很多地方是不一样的。商业交易要假定每一个人都是理性十足的，但是民事交易却不见得如此。这是一种约定的违约金形式。

还有一种形式是什么呢？我们称之为定金。《民法典》是这么说的，第586条："当事人可以约定一方向对方给付定金作为债权的担保。定金合同自实际交付定金时成立"。约定了还不行，必须把定金实际交付之后，定金合同才成立。然后，定金数额是不能超过主合同标的额的20%的，不能太高。但是请诸位留意，这个定是确定的定，叫定金，就是定下来、确定下来的意思。我们的生活里边会出现大量的"dìng"，比如说还有订立合同订金，此定金非彼订金。我们还可能会听到别的称呼，押金，比如租房子经常会出现押金。但是不管是订立合同那个字的订金，还是押金，都不是我们说的定金，我们这个定金是确定的定。所以诸位如果在签订合同的时候，一定要注意，你们用的定是哪个"dìng"？一字之差，可能区别就挺大的。为什么那么强调确定的这个定？原因特简单，因为如果是构成了法律所承认的定金，《民法典》第 587 条是这么说的："债务人履行债务的，定金应当抵作价款或者收回。给付定金的一方不履行债务或者履行债务不符合约定，致使不能实现合同目的的，无权请求返还定金"。交定金的一方违约了，无权请求对方返还定金。"收受定金的一方不履行债务或者履行债务不符合约定，致使不能实现合同目的的，应当双倍返还定金"。我把定金交给你，你不履行合同义务，到时候你应该双倍返还我定金。所以你看到，定金实际上具有很强的一个担保作用。但是我们经常说的押金，不能轻易适用这么一个规则，我们法律上称之为定金罚则。所以，在签订合同时要非常留意这些问题。

当然了，在这些损失里面，还会产生大量的其他很细致的规则，在这里我多说一点。《民法典》的第 591 条说，"当事人一方违约后"，对方违约了，这个叫作当事一方违约后，"对方应当采取适当措施防止损失的扩大；没有采取适当措施致使损失扩大的，不得就扩大的损失请求赔偿"。你得减少自己的损失，你不采取合理的措施减少自己的损失，那么就扩大的损失，你不能够请求赔偿。常见的是什么情况呢？租赁合同，对方就不愿住了，都搬出去了。这时候对于出租方，承租人就是不租，自己搬出去了。当然，我们可以看到，你要交租金吧。没问题，但是问题在于什么呢？你出租人也不能让房子空着，你得把空置的房子租给别人，减少自己的损失。这就是我们说的，采取适当措施，要防止损失扩大。那么，如果你就让房子一直空着，空着两年，扩大的损失是不能够请求赔偿的。所以在司法实践过程中，在这种租房的赔偿情形里边，如果承租人擅自搬出，不再租这个房子，那么往往是判决赔偿出租方，这个可以请求承租方支付3—6个月的租金，为什么是3—6个月的租金呢？给你出租方3—6个月的时间，来寻找新的承租人。采取这么一种处理方式来处理它。

所以我们可以看到，在整个的违约救济里面，我们刚才提到了：履行抗辩权，就是你不履行我也不履行，这叫履行抗辩权；解除，就是咱俩没法一起过了，没法交易了，咱们把合同解除掉，不再受到合同约束，各自找新的交易对手，这是我们说的解除；还有违约责任，而违约责任又包括继续履行、采取补救措施以及赔钱，也就是赔偿损失。而赔偿损失的话，有约定按照约定，比如说约定的违约金、约定的定金。没有约定怎么办？法定的赔偿损失，这里面又会涉及刚才不停提到的所受损失和所失利益，都要赔。这也就形成了一个完整的违约救济体系。所以当我的伯伯、叔叔、舅舅、姑姑、阿姨、婶子，等等，问我的时候，我说：第一，他不给你不给；第二，如果达到了根本违约，没法一起过了，解除合同；第三，还可以请求赔偿损失，或者请求继续履行。这是一套完整的救济措施。

法律为什么要做出这么一套完整的救济措施？前天的时候，也就是5月29日，习近平总书记在中央政治局第二十次集体学习时强调，引导群众养成自觉守法的意识，形成遇事找法的习惯，培养解决问题靠法的意识和能力。违约救济的这些规则，也同样如此。就像我在一开始就提到过的，当亲朋咨询我的时候，我说：别找人打，这是违法的；你要依靠法律来解决问题。这就是我们说的，自觉守法、遇事找法、解决问题靠法。

实际上，在实践中我们经常会讲，找个关系把这个事处理了。但是找关系会形成大量的不确定。我们知道，有时候找关系反而让自己更焦虑。所以我的同事胡锦光教授曾经研究过一个问题：法治和长寿有没有关系？他的结论是，应该是有关系的。什么意思呢？如果你在什么情况下都找关系，而不找法，就意味着要不停地去寻找关系，还得长期培养关系，培养这个关系弄不好还得再找中间人去找这个关系。你会每天不停地焦虑，这种焦虑是会影响长寿的。

所以在这种情况之下，我们的回答其实非常简单了，只有自觉守法、遇事找法、解决问题靠法，才能让生活幸福。而这点也充分体现出民法典的高度、广度、深度和温度。所谓的高度，指的是它是与整个的国家治理和社会治理联系在一起的。所谓的广度，意味着民法典深入到生活和交易的所有层面，不管是合同，还是物权，还是婚姻家庭、继承、侵权，我们普通生活中的各个领域，医疗、教育、交通等这些领域，都会涉及，这是它的广度。还有它的深度，这个深度意味着，以刚才的违约救济为例，它实际上涉及我们整体的诚信机制的建立，这是它的深度问题。还有它的温度，就是让人民生活更美好，并且会让我们的整体社会进展到非常好的一个状态，来真正地实现人民对于幸福生活的美好需求。所以就让我们最后再重复一遍：民法典具有高度、广度、深度和温度。

我今天的课到此结束，也感谢大家收看本次直播。谢谢！

# 第七讲

# 继承规则改变，
# 是否更符合老百姓需求？

## 杨立新

中国人民大学法学院教授、博士生导师
中国法学会民法学研究会副会长
中国法学会民法典编纂项目继承编召集人

　　大家下午好。欢迎大家收看由司法部普法与依法治理局、中国人民大学法学院联合出品，百度 APP 联合制作的《民法典开讲》公益公开课。我是中国人民大学法学院的杨立新，我今天要给大家讲的这课是民法典的继承编是不是对我们老百姓的遗产继承提供了更好的保护？

　　这个课题我觉得是很重要的事情，涉及我们每一个人自己身后的遗产处理问题，也涉及继承人的继承权的保障问题，同时也涉及被继承人的债权人的权益保障问题。在这样一个很复杂的继承法律关系当中，究竟怎么样才能够更好地去保障被继承人的分配遗产的意志得到实现，继承人的继承权能够得到法律的保障，然后被继承人的债权人的权益也能得到保障呢？

　　原来我们在 1985 年的继承法当中就已经规定了。但是我们 1985 年的继承法，应该说是一个比较简单的继承法，总共才有 37 个条文，去掉一些虚的条文，实质性的规则也就三十几条。这样一个继承法在 20 世纪 80 年代那种社会的财富积累的情况下来看，它大体上够用。但问题是经过这么多年的改革开放，社会发生了重大的变化，财富结构也发生了重大的变化。每个人从过去没有多少钱，到现在有了比较多的钱，甚至有人有了很多的钱。那么在这样一种情况下，遗产继承的规则就需要更加完善。

　　我曾经有一个说法，我觉得我们在讨论继承编、继承法、继承制度的改革的时候，是不是有这么一个看法：就是在 1985 年的时候，我们制定了继承法，那基本上是一个穷人的继承法。那个时候，万元户就是有很多钱的人了，今天就不是了。不仅仅普通的民众，遗产财产很多，留下的遗产很多，还有那些有钱的人，他们留下的财产大概有几亿、几十亿甚至上百亿元。在这样规模的遗产的处理和分配当中，涉及方方面面的关系，规则要求就更复杂。我还有一个说法：就是我们 1985 年的继承法，它大体上是一个计划经济的继承法，今天我们经过改革开放已经实现了市场经济。在市场经济条件下，对继承制度也提出来复杂的规则，所以说继承制度的改革在这一次民法典编纂之前，其实在 2011 年的时候就已经考虑过了，但是那个时候没有完成这样的修法任务。

　　这一次在编纂民法典当中提出了这个问题，有了这样一个机会，能够使我们的继承制度更加完善，让我们的继承权、继承法律关系、当事人的合法权益都能得到有效的保障，这就是我们这一次民法典在把继承法编纂成为继承编这一部分所做的工作的基本思想。

　　我们说民法典的继承编增加了一些新的规定，形成了一个基本上完善的继承法律制度。那么增加的这些新规定跟原来的这些规定结合在一起，这个制度就逐渐完善起来。那么在这样的继承编当中，究竟增加了哪些对被继承人权益、继承人的权益、被继承人的债权人的权益保护的规则呢？我把它总结一下，最主要的完善是七个方面的内容，这七个方面的内容都是在实践当中积累起来的，经过了时间的检验，都是一些正确的规则，都写到继承编当中来了。我想今天主要给大家介绍这七个方面，更有利于保障继承法律关系当事人的合法权益的七个主要制度。

第一个方面，就是在遗产范围方面作出的一个新规定。我们在继承法规定遗产范围的时候，采用的方法是这样说"遗产是公民死亡时留下的合法财产"，然后又开始一项一项地列举，比方取得的工资、取得的奖金、知识产权取得的财产权益等，把它列下来。对于遗产的这种列举，是永远也列举不完的，这样就出现一个问题，必须还要有个兜底的条款：其他取得的合法财产。我们过去采用这样的一种方法规定遗产范围，有一个指导思想，把这些东西列得清楚一点，让我们每一个人知道自己将来什么样的财产能变成遗产，这个想法行不行？也不是说不行。特别是在1985年的那种形势下，这样去做也有它的道理。但是采取这样一个列举遗产范围的方法，存在一个很明显的缺陷，那就是列举的这些财产，凡是点到名的，在继承的时候就很少发生争议，但是对于一些其他方面的财产，只要是在这个条文当中没有列举的，当事人会发生争议，到底是不是遗产。法官在判断的时候也会出现不同的见解，因此会形成一个同案不同判的问题。在这样一种情况下，我们觉得遗产范围用一个列举的方法来规定不是一个好方法。最好的方法是什么呢？就是一个概括式的列举，就是自然人享有的合法财产，到死亡时就是遗产，这是一个最好的方法。把这个原则确定下来以后，当事人去确定遗产的时候，然后法官去裁量的时候，就会判断，凡是人家被继承人生前享有的合法财产都是遗产，这还有什么可争议的呢？我们这一次在继承编的第1122条，就采用了这种方法，就是这样概括式地确定自然人生前享有的合法财产都是遗产。

　　这部分做了两个排除：一个是法律规定不能继承的财产，这个不能继承。这一部分说的是什么？比方说，那些国家资源的使用权，法律明文规定是不可以继承的。另一个是依照它的性质不能继承的遗产，比方说他享有某种权利，带有身份关系，那么等他死亡以后这个东西就没有了，你不能去继承。这样我们就看到遗产范围比较容易界定，凡是被继承人生前享有的合法财产都是遗产。排除两个问题，法律规定的不能继承的遗产，不算遗产，不能继承；根据它的性质不能继承的遗产，那也不能继承。这样就把遗产的范围划定得非常清楚，具体裁判法官就按照这个规则去处理就行了。这一部分是我们说继承编当中有了一个这样的新规定，把过去的规定给改变过来了。

　　第二个方面，是增加了丧失继承权的理由，同时规定了丧失继承权以后，还可以经过征求被继承人的意见，谅解了就可以宽宥。经过宽宥以后，继承人又可以恢复继承权。原来我们在继承法当中规定了四种情况丧失继承权，那么这四种情况中的第一个就是故意杀害被继承人，那坚决是丧失继承权的；第二个就是为了争夺遗产，然后去杀害其他继承人，这个也丧失继承权；第三个就是生前虐待、遗弃被继承人，情节严重，这个也丧失继承权；第四个是篡改遗嘱、销毁遗嘱等，这样的情节严重的，也丧失继承权。过去我们就确定了这么四种，这一次修改的时候，在销毁遗嘱的方面增加了一个遗失，情节严重，也是丧失继承权。还增加了一个独立的情况，就是用欺诈胁迫的手段，要挟被继承人立遗嘱、改遗嘱、撤回遗嘱，这样的也丧失继承权。

　　我们看，现在有五种丧失继承权的事由，继承人如果有这五种情况之一，就丧失继承权了，就不能继承被继承人的遗产。在这五种丧失继承权的事由当中，我们把它分成两种形式，这五种情况里又可以分成两类：一类是属于绝对丧失继承权的，就是故意杀害被继承人，为争夺遗产故意伤害其他继承人，这两种绝对丧失继承权，这个继承权丧失以后永远也不可以再恢复；第二类是后边这三种，是一个相对地丧失继承权。那么相对地丧失继承权，说的是什么意思呢？就说因为这三种情况之一的，如果要是丧失继承权的时候，如果继承人丧失继承权以后，真心改悔了，真的是悔过了，然后被继承人也谅解，这时候说你可以恢复继承权，或者根据他的行为又写遗嘱把这些遗产给他，这样他就可以恢复继承权。相对丧失继承权的这种情况下，这种继承权的恢复，我们就把它叫作宽宥权，宽宥权就是虽然继承人丧失继承权，但是其真心悔改，然后被继承人谅解，又愿意把遗产给继承人，这就是宽宥。这个权利就是属于被继承人的权利，宽宥了以后继承人就恢复继承权，仍然可以继承遗产。

宽宥权原来在继承法当中是没有规定的，因为1985年那个时候还不需要有这么复杂的规定。大家看到，我们在30多年的时间里，实行独生子女的政策，一对夫妻就有一个孩子，那么这一个孩子丧失继承权以后，就再没有其他直系的第一顺序的晚辈血亲继承人了，这样在继承的时候可能就被别人继承了。大家知道，遗产的流转方向，是一个向下流转的规律，像我们每个人在工作的时候，你说我要努力工作，多赚一点钱。多赚点钱，干吗呢？要给自己的子女留下来，甚至给自己的孙子女留下来，包括外孙子女。这个都说明了遗产是向下流转的，我们现在就一个独生子女，然后他又丧失继承权了，又不原谅他，这个时候向下流转就流转不下去了。所以这是一个问题，我们这一次继承编在增加了宽宥权以后，就可以把这个问题解决。同时也说，那些不十分严重地对被继承人或者是对遗产处理的关系、方法有一些不好的做法的人，他要真心改过了，被继承人可以通过宽宥的权利的行使，就让他能够恢复继承权，让他继承遗产。这样我们可以把遗产继承的这样一个关系搞得很稳定，这一部分的规定，我觉得也是我们这一次在《民法典·继承编》当中做得比较好的一个新规定。

民法典的继承编在新的规则当中，第三个比较重要的问题，就是适当地扩大了法定继承人的范围，然后增加代位继承人，做这样一个规定。关于这个部分，需要从头把这个事情说一说。

我们可以看到，1985 年的继承法在基本的继承制度上，特别是在法定继承制度上，所参照的母法范本是 1922 年的《苏俄民法典》和 1964 年的《苏俄民法典》。它在这些问题上体现了那种计划经济特色，那么还体现了一个什么东西呢？就是尽量减少继承人继承遗产，因为继承遗产这是私有财产，那样规定的法定继承人的范围就比较窄，规定的法定继承的顺序比较少，一旦没有这些法定继承人，遗产就可以收归国有，来增加国家的财富。这一点在 1985 年的时候，那个时候我在法院工作，我在学习继承法的时候，人家在讲继承法的时候，还说这是我们中国继承法的一个特色，就是更好地为国家奉献。但是我们今天再来说，我们民法典其实就是一部最好地保护人民权利的法典，保护人民的权利就包括要保护私人的财产权，保护私人的所有权，同时要保护私人的分配遗产的自由，即继承人的继承权。我们继承法的立法当中，其实是尽量扩大法定继承人的范围，增加法定继承人的法定继承顺序，好让被继承人的遗产尽量地被他的继承人继承，而不至于出现那种无人继承的遗产，然后没有办法处理了，收归国家所有。所以我们看到，1985年的时候继承法的立法理念和我们今天的立法理念，和市场经济的立法理念，其实是不同的。我们因为借鉴的是《苏俄民法典》的规则，所以我们规定的法定继承人只有配偶、子女、父母，作为第一顺序。第二顺序，就是兄弟姐妹、祖父母、外祖父母，而且把孙子女、外孙子女都排除在法定继承人范围之外，采用代位继承的方法去继承。不管怎么继承，也仍然还算是法定继承人。所以从我们法定继承的范围、法定继承人的范围和顺序来看，其实就保护三代以内的直系血亲，加上旁系血亲的一点点，兄弟姐妹，其他的都不可以继承。所以从我们中国的继承制度来看，我们规定的法定继承人的范围比较小，规定的法定顺序比较少，这样很容易形成无人继承的遗产，无人受遗赠的遗产。那么这样就一定要收归国有，农村的收归社会集体经济组织所有。当然，这一部分我们这次《民法典·继承编》也说了，这些无人继承、无人受遗赠的遗产，怎么处理，收归国有干吗呢？用于公益事业，就算给大家一个交代，说为什么收来？收来以后仍然是给大家做公益事业的，也算是一个好的交代。

那么，面对我们中国的法定继承人范围比较窄、继承的顺序比较少这样一个实际情况，我们在立法当中，是建议要增加扩大法定继承人的范围，然后适当地增加法定继承顺序。大家可以看到一点，在我们现在的继承制度当中，如果一个家里是四世同堂的话，太爷爷奶奶、太姥姥姥爷和重孙子女、重外孙子女，没有权利义务关系，在继承上也毫无关系。这样一种情况，合理吗？它是不合理的。所以我们说，应当扩大法定继承人的范围、增加法定继承的顺序。在立法过程当中，这个意见没有被采纳，仍然还是保持现在的法定继承人的范围，这个原则上跟继承法规定的没有区别，法定继承顺序也是两个继承顺序，原则上也没有变化，这留下一些遗憾。

在代位继承上，有变化。原来的代位继承，继承法的代位继承也是跟苏联学的，这个代位继承讲的是什么呢？这是祖父母或者外祖父母，他的继承人是谁？他的子女，就是应该是父母这一辈，你的父亲是爷爷的法定继承人，可以继承他的遗产，是第一顺序继承人；那么，他的孙子女、外孙子女不是通过第一顺序和第二顺序去继承，而是采用一个代位继承的方法来继承。那就是祖父母还没死的时候，父母死了，那么父母死了以后，他的继承权就丧失了。那么等到祖父母要死的时候，因为父母先死，然后孙子女、外孙子女就通过代他的父母之位，向祖父母或外祖父母继承他父母应当继承的那一部分遗产，这叫代位继承，就代这个位，代父母的位去继承。原来的代位继承也有缺点，对于孙子女、外孙子女来说，他们的继承权不能够得到很好的保障。比方说，父母作为继承人，因为实施了丧失继承权的那些行为，继承权丧失了。丧失了以后，孙子女、外孙子女就没有办法再去代位继承祖父母、外祖父母的遗产了，那就等于剥夺了孙子女、外孙子女的继承权。这一部分也没有改过来，还是这样，所以这个缺点仍然还保留在这里。那么要比较起来，我们通常说孙子女、外孙子女以及晚辈直系血亲，应该是第一顺序的继承人，那就是子女以及其他直系晚辈血亲，都是在这个范围里头的。我们在代位继承中，当然也说了孙子女、外孙子女以及晚辈直系血亲也可以代位继承，包括重孙也好，也好像可以，但是它的缺点在这里。

那么代位继承这一部分，孙子女、外孙子女以及其他晚辈直系血亲，他们的代位继承是这样一种情况，仍然保持原来的规定。新增加的规定是兄弟姐妹的子女也有代位继承权，那就是兄弟姐妹在第二顺序有继承权的时候，那么又在被继承人死亡之前死掉了，那么兄弟姐妹的子女可以代兄弟姐妹的位置去继承遗产。这个规定算是扩大了法定继承人的范围，通过增加代位继承的这样一种规定，使整个的法定继承人的范围有了一个适当的扩大。这样可以使被继承人的遗产，在他的近亲属之间，在他的亲属当中去流转，有了更多的可能性。所以这一部分规定算是我们一个比较大的进步。这是关于代位继承的规定。

第四个方面的变化是关于遗嘱形式的变化。遗嘱形式，就是我们说遗嘱继承或者是遗赠，有一个最直接的体现是什么呢？就是完全按照被继承人支配自己身后遗产的意志，使其得到真实的实现。我们说法定继承和遗嘱继承，遗嘱继承更体现法定继承人分配自己身后遗产的意愿，因为就是他真实意思表示，那么法定继承，是在你没有遗嘱的情况下，才用法律推定你是愿意把你的遗产送给亲属关系最近的亲属去继承，也算是说推定你的意愿就是这样的，也是尊重你的意愿。所以有遗嘱继承，有合法有效的遗嘱存在，就排斥法定继承，那就优先用于遗嘱继承。所以我们就有一个规则叫遗嘱继承优先，它排斥法定继承。

遗嘱继承当中最重要的是遗嘱，什么样的遗嘱是有效的遗嘱，这是要通过法律来规定的。我们过去规定了五种遗嘱，没有规定什么呢？没有规定这种打印遗嘱，那么打印遗嘱，在今天现当代的社会里，绝大多数的人通过电脑书写，用打印机打印，成了基本的写作方式。我们现在有几个人拿起来钢笔好好地写点东西，几乎没有，很少很少有用笔书写的这样的形式。随着社会的发展，形成了这样的一种书写的方法，这样就存在一个问题，这些打印出来的遗嘱到底是不是合法有效的遗嘱？问题就来了。我们原来在继承法当中没有规定打印遗嘱，这个打印遗嘱到底有没有效力？我们在司法实践当中，就有三种不同的做法。一种认为说这是自书遗嘱，毕竟是你在电脑里写的，然后打印出来的，还不是自己写的吗？还有一种认为这是一个代书遗嘱，是用别的方法、别的人替你写出来的。还有一种做法，干脆就完全不承认打印遗嘱的效力。有一次，法国的公证协会，他们是专门研究这些遗产继承问题的专家，他们到中国人民大学法学院来访问，我们在一起座谈的时候，我就问他，你们法国承不承认打印遗嘱的效力？他说我们绝对不承认打印遗嘱的效力，为什么？就因为打印遗嘱没有办法判断它是不是被继承人的真实意思表示。他随便打印一个，拿过来说是打印遗嘱，这个能行吗？这不行。但是现实生活又摆在这里，很多人写的遗嘱都是打印出来的遗嘱，我们是不是一定要在继承编中给打印遗嘱一个合法的身份？因为我是中国法学会民法典编纂领导小组成员，是继承编草案起草的召集人，然后我们就对打印遗嘱反复讨论，他们说一定要承认它是一个合法有效的遗嘱形式。但问题是我们怎么去解决这种打印遗嘱很难辨认的问题，怎么确认它是被继承人、是遗嘱人的真实的意思表示，我们说就要增加它的有效的条件。你们可以看到，我们现在的继承编第1136条规定，承认打印遗嘱的效力，认为其是一种合法有效的形式，并对它的有效的要件规定了很严格的要求。就是要求，打印遗嘱打印好了以后，遗嘱人必须在遗嘱的每一页上都签名，然后还得写上年月日。遗嘱为什么要写上年月日，为什么没有年月日就认为它是无效的？就因为它可能有几个不同的遗嘱来判断时间的先后，后面我要说到这个问题。遗嘱人在遗嘱上每一页都签名，注明年月日，证明每一页都是你自己写的。还要有两个见证人在场见证，也要在每一页上都签名，证明遗嘱确确实实是遗嘱人的真实意思表示。那么，有了这样的形式条件，就可以确认这是个真实的遗嘱，是一个有效的遗嘱。

有一天，我们也是在讨论民法典的时候，在网上有一个人就提出来了，好像还说是个专家。他说，不能用自然人来担任见证人，因为自然人担任见证人容易作假。他说，应该成立一个机构，这个机构是专门给遗嘱做见证的机构。我说，如果你要认为每一个人都会作假，我们这个社会就不存在了，就没有正常的秩序了。所以，见证遗嘱真实性的见证人，他要有资格的，他得是完全民事行为能力人，应该能够判断，能够怎么样。那么，如果他虚假作证的话，查清楚，他要承担法律责任的。所以要两个人去做见证，也不是开玩笑的事情。

我们看到，一个打印遗嘱，你想让它有效的时候，你就必须在每一页上都签名，然后还要注明年月日，还要有两个见证人在场见证，也要签名。那么符合这样的要求，这个打印遗嘱就是合法有效的遗嘱，我们就再不用去判断它是自书遗嘱还是代书遗嘱，这个就不用去判断了。它自己是独立的一种形式，这是增加了一个遗嘱形式。

那么，还有一个遗嘱形式是什么呢？就是录像遗嘱。我们大家可以看到，我们在1985年继承法的时候，那个时候还没有录像技术，起码录像技术不是普及的，那个时候录音机比较普遍，大家看到穿着喇叭裤、拎着录音机、大街上又唱又跳的迪斯科的那种，那是 20 世纪 80 年代的写照。录音机普及了，用录音来作为遗嘱成为一种现实。所以当时就确认了录音遗嘱是个合法有效的遗嘱。到目前的我们当代生活中，录像还是很大很难的技术吗？我们现在差不多每一个人在家里都能录像，举起手机来就可以录像，已经不是一个技术难题了，不是一个很高深的技术。在录像技术普及的这样一种情况下，增加录像遗嘱是必需的，那就是录音录像遗嘱，我们把它单独作为一种遗嘱方式，方便大家立遗嘱。

那么，录音录像遗嘱，到底是一种遗嘱还是两种遗嘱？我们现在规定在一起，录音录像遗嘱，假如我们是用一个视频的方式录了一个遗嘱，又有像又有音；如果我纯粹用录音笔、录音机录下来一个遗嘱不行吗？也行。因此原则上说，录音录像遗嘱还是两种。这是关于遗嘱形式的要求。

那么，我们规定了这么多遗嘱方式，我觉得有一位教授说的话是对的：民法典其实是个工具箱，把工具一个一个都放在里头，我是个民事权利人，我要行使权利的时候，我进到工具箱里头拿出了一个工具，刚好就适合于我。我们现在规定这些遗嘱方式也是这样，你要去写遗嘱，有自书遗嘱、有代书遗嘱，有录音录像遗嘱、打印遗嘱，还有口头遗嘱，还有公证遗嘱，都在这工具箱里头，你想用哪个，去拿出来一个，你就可以用。增加遗嘱方式，其实它的重要价值就在这里，你可以采用不同的方法，按照要求去确立遗嘱，来保证你支配自己身后遗产的意愿能够得到真正的实现。

这几天有人讨论口头遗嘱，我们也规定了口头遗嘱，口头遗嘱有个问题就是没有文字记载，所以就限制在危急情况下才可以用。比如说，老爷子快不行了，我要立遗嘱，那你就立吧，写不了，什么都来不及了，好，我就开始说。这时候，要有两个在场的见证人，见证说他说这东西是真实的，也可以确认是遗嘱。口头遗嘱，因为它这种记载形式的问题，所以通常会有个时间限制，就说当你危急情况过后，遗嘱还有没有效？如果超过三个月，遗嘱就无效了，但是我们现在没有规定这个。不过也有一点，我想按照我们现在的技术，真正需要立口头遗嘱的可能性有多大？说老爷子不行了，不好，我赶紧要立遗嘱，拿起手机就拍了，这就是一个非常有效的遗嘱形式，还用说口头吗？所以，口头遗嘱的形式我觉得会越来越少。因为现代的这种记录方法太多了。这部分就简单说这么多。

第五个问题也是关于遗嘱的问题。一个人如果立有数份遗嘱，遗嘱的内容又相互冲突，那么以哪一个遗嘱为准呢？哪一个遗嘱最有效力呢？我们继承法原来也规定了一个正确的原则，就是以最后的遗嘱为准，这个是非常对的规则。但是有一个画蛇添足。是怎么画蛇添足呢？公证遗嘱，一个人如果立有公证遗嘱，那么要想变更、撤销、撤回遗嘱的时候，只能用公证遗嘱的方式，这说明什么呢？只要是你有几个遗嘱在这块，其中有一个是公证遗嘱，公证遗嘱的效力就是最优先的。那么不管你立了其他什么样的遗嘱，只要有一个公证遗嘱，那就以它为准，如果你想变更、撤回公证遗嘱，还得用一个公证遗嘱才能够把它变更了。那么这里就存在一个问题，如果这个人原来定了一个公证遗嘱，他在临终之前突然想要改变遗嘱的内容，这个时候他必须要定一个公证遗嘱，才能够变更原来的公证遗嘱，其他任何一种形式都不行。这样他就得赶紧跟公证处说，公证处说我及时给你办，但即使及时办，没办完的时候他就死掉了，他最终支配遗产分配的意愿就无法得到实现。公证遗嘱效力优先这个规则，它的缺点就在这里，它不符合我们继承的法律关系的要求。

在 2011 年的时候，立法机关想要修改继承法，因为时间太长了。那一年我们讨论了一年，最后改了主意，就没有去继续修改继承法。在当时我们讨论的时候，我们都提出了公证遗嘱优先这个原则必须得撤销，不能要这样一个东西在这里。当时参加修改的时候，就有公证机构的代表，他们坚决不同意，他说我们保证能够保障实现遗嘱人的遗嘱自由。我就说了我刚才说的情况，原来在你那立了个公证遗嘱，老爷子现在要不行了，然后说不行，我要改遗嘱，他让你公证处改，来不及怎么办呢？公证处代表就说，我马上派人到现场去公证，我说就在你来的路上，老爷子就死了怎么办呢？你们是不是限制了人家的遗嘱自由？不会这么绝对吧？一定会，这种情况一定会出现的。所以，我们这一次在民法典编纂过程当中，把公证遗嘱效力优先规则彻底废除掉了。

当时在 1985 年的时候，怎么就出现了这么一个规则呢？大家想一想，在那个时候，司法行政机关刚刚成立，恢复重建不久，公证处也刚刚开始工作，也时间不久，有人就说加一个公证遗嘱优先这样一个效力，是不是就对公证机构开展工作有法律上的保障，就写进了这么一个条文，但是这个条文在世界范围内是没有先例的。只有我们创造出这样一个规则，现在把这个规则废除掉，是完全正确的。这是公证遗嘱效力的问题。

我们现在要回头来说，当一个人立的遗嘱有数份，内容相互冲突，以哪一份为准？当然离他死亡最近的那份为准，因为那是他的真实意思表示。有人就问，为什么要写好几个遗嘱？你就得看老年人的特点，说人老了，比方说，有三个儿子，今天大儿子来伺候，老人说我要把遗产给你；明天二儿子又来了，表现也很好，又说把遗产给你，又立了个遗嘱；后天女儿又来了，女儿来了以后又表现很好，很感激，又给她立一个遗嘱。我看到的是，一个老爷子最多立了十份遗嘱，三个月五个月就立一次，大体上就是这样一个情况。那么在这样一种情况下，推定哪个是真实的呢？只能是说，与他死亡的时间最近的那份遗嘱是他真实意思表示，所以以那个为准。我们现在确立的规则就是这样的规则：立有数份遗嘱，内容相抵触的，以最后的遗嘱为准。这是讲的第五个问题。

那么，下面我想讲的第六个问题，就是关于遗产管理人的问题。我们过去在继承法当中没有写遗产管理人，我想那个时候，在 1985 年的时候，大概也是因为大家没有太多的财产。没有太多的财产，一个人死了以后，也没有多少遗产，用得着一个专门的遗产管理人来管理这个遗产吗？好像不太用。大家想一想 20 世纪 80 年代的时候，一个万元户就觉得了不起了。我在 20 世纪 80 年代初的时候，我兜里自己小金库里的钱最多的时候是 400 块，400 块就是 10 个月的工资，那时候觉得自己就很有钱了。在那样一种情况下，每一个人都没有太多的财富，等到他去世以后，他留下的遗产有多少呢？没有太多的遗产。各位如果有幸看到 20 世纪 70 年代、80 年代的基层法院案件的判决书的话，会看到罗列的遗产清单，看着特别搞笑，大锅一口归谁，小锅几口归谁，大盆小盆……都是这些。真正说到钱的时候，几百块钱几千块钱就算是钱了，然后怎么分怎么分。那时候，这些遗产真的是需要一个遗产管理人来管理吗？有没有都行。特别是不需要那种专业的遗产管理人员来进行管理。

但是，今天不行的，在今天的这些遗产的纠纷案件当中，几亿、十几亿、几十亿、上百亿元的遗产纠纷多的是。我有时候跟他们介绍情况说，我这几年参加讨论过大概三个还是四个，起码是十亿元以上的遗产的这样的案件。我就有一个体会，当遗产超过几亿、十几亿元的时候，这样的遗产案件当中具有各种各样的小说的要素，杀人的，伪造遗嘱的，非婚生子女的，小三小四小五小六的，都来争夺遗产了。当我们死的时候，遗留的财富比较多的时候，这时候这个遗产需要有一个专门的管理人来管理。过去在继承法当中就规定，谁占有遗产谁就当管理人，这个规则在今天来说刚好是不行的。大家知道，谁要是掌握遗产，谁就是遗产管理人，他就有了一个优惠条件，然后他就可以实质地去支配这些遗产，可以隐匿遗产，恰好是不应该由他来担任的。所以说，我们在这一次编纂民法典的时候，根据我们现在遗产实际情况，用了五个条文来规定遗产管理人，对遗产管理人的制度规定得很详细。现在这五个条文主要的意思大概就是这样。

第一，就是遗产管理人的选任。遗产管理人，如果有数个继承人，数个继承人可以推选一个人担任遗产管理人，也可以大家共同担任遗产管理人。比方说，遗嘱要指定了遗嘱执行人的时候，那么遗嘱执行人其实就可以担任遗产管理人。遗嘱当中要是指定了遗产管理人，当然就是确定了遗产管理人。最后还有一种，就是遗产管理人都没有的时候，农村可以由村委会，城里可以由民政部门来做遗产管理人。那么，大家提了一个问题，说城里为什么没有居委会？因为城里民政部门来管比较直接，所以由它来管比较合适。农村可能有的离民政部门比较远，然后村委会去管，应该也是比较合适的。在这些选任当中，可以选任专业的人士来做遗产管理人。

在前年的时候，那时候《民法典·继承编》草案已经公开征求意见，看到了遗产管理人这样的规定，那么有一个律师就问我，他说杨老师我现在可不可以做遗产管理人？我说你当然可以，我说现在虽然没有规定，但这个是不违反法律的，只要人家选任你，你去做当然没有问题。后来，他说我就去试试，然后他就接受了人家的委托，然后当遗产管理人，然后把遗产管理得很好，纠纷解决得很妥善，然后自己在这个里头也赚到了钱。所以，我是觉得用专业的遗产管理人，可能比用自己的家里的人、熟悉的人，会更好一些。这是因为他有专业的知识，他来处理这些问题会有条不紊，遵章守纪地去把这个事情处理好。我经常想，遗产管理差不多相当于一个企业破产财产的管理，他们有相似之处，虽然说一个人死了以后不能叫破产，但是他那些财产的管理方法应当跟破产财产的管理方法相似，所以需要专业的人士来管。这是讲的遗产管理人的第一个规则，就是遗产管理人的选任。

第二个规则是遗产管理人的指定。在遗产继承进行当中，对到底谁来做遗产管理人发生争议，那么这个争议怎么处理？总要有一个办法。那么这样发生争议就可以向法院起诉，然后法院去指定谁是遗产管理人。这就是遗产管理人的指定。

第三个规则是什么？就是遗产管理人的职责。你作为一个遗产管理人，你在遗产管理当中，究竟有哪些职责？我们也设置了一个条文，这个条文里头1、2、3、4把它规定得清清楚楚的。

这样就使遗产管理人在遗产管理的时候，到底要做什么？做哪些是合适的，做哪些是正确的，做哪些是错误的，就把他的职责规定得清清楚楚。这一部分我觉得规定得也很好，内容大家可以自己看。

第四个规则，遗产管理人在管理遗产过程当中不尽职不尽责，使遗产受到了损害，使遗产法律关系的当事人权益受到了损害，他要不要承担责任？当然要承担责任，但是我们在规定的时候，做了一个比较宽松的要求，就是说他要故意地把遗产搞坏或者侵占遗产什么的，或者有重大过失使遗产受到了损害，他要承担赔偿责任。那么，一般的过失不在其内，就允许你在管理遗产的过程当中有些许过错，不用你承担赔偿责任，但是你如果有故意或者有重大过失的，就要承担赔偿责任。把人家遗产损失多少，你要赔偿多少。在这一点上，我觉得也是由专业的来做更合适，因为你专业的时候才懂，那么真的要是造成了损害，你还有职业保险，你自己赔不起，有职业保险来赔。如果用一个普通人来做一个遗产管理人的时候，要管理的是巨额的遗产，这时候造成损害你又有过失，重大过失或者故意，你造成损害，你有多少钱去赔偿？

第五个规则，就是遗产管理人的第五个规则，就是可以有偿。对遗产管理人，人家遗产给你管完了，你要约定是有偿的，就应该是有偿的。管这么多遗产要付出很大的代价，有偿是必然的，但是约定无偿也可以，我自愿去管，特别是小家小户，出现纠纷找个人来管管，无偿也可以。一般情况下是有偿，特别是那些专业的我觉得是应该有偿。这一部分我当时想，可以给我们律师事务所的律师开展业务工作提供一个机会，可以考虑。

最后一个问题就是转继承规则，转继承规则我们原来在实践当中有，但是继承法没有规定，当时也很奇怪为什么继承法就没有规定转继承规则。转继承是一种什么情况？过程是这样的：被继承人死了，那么他的继承人要继承遗产，当遗产还没继承到的时候，他的继承人也死了。那么对于继承人已经继承但还没有分配到他的遗产，继承人的继承人把它继承过来变成自己的遗产。大家看，它跟代位继承的区别就是，代位继承是他（继承人）先死，他（被继承人）后死；而转继承是他（被继承人）先死，他（继承人）后死。所以，代位继承是一定要代继承人的位置继承；转继承，则是他（被继承人）先死，他（继承人）后死，本来就已经继承了，只是没分配到遗产而已，所以它是一个遗产分割的问题，是个遗产处理的问题。

这一部分原来在继承法当中没有明确的规则，我们这一次在第 1152 条就规定了明确的转继承的规则。规定了这样一个规则以后，我们就给转继承如何处理提供了法律的依据，我们就可以依照转继承的规则去处理转继承的问题。

我想给大家介绍的继承编怎么样保护继承法律关系当事人的合法权益这一部分，就给大家介绍完了。感谢大家收看本次直播，谢谢各位！

# 第八讲

# 人格权独立成编，有何深意？

## 姚　辉

中国人民大学法学院教授、博士生导师
中国人民大学民商事法律科学研究中心主任

　　大家好！欢迎大家收看由司法部普法与依法治理局、中国人民大学法学院联合出品，百度 APP 联合制作的《民法典开讲》系列公益公开课。我是中国人民大学法学院的姚辉，今天我跟大家一起来学习这次民法典里面增加的一编——独立成编的人格权编。因为有两次的内容，我今天这一讲大概会侧重于介绍一下人格权编当中的一些新设的制度。

　　当然要说起来，其实整个人格权编都是新的，我这样说是因为什么？因为我们可能真的是在民法典当中做了一件前无古人的事，有没有后来的不知道，至少现在可以说是前无古人。就是法典法国家到目前为止，不管是五编的还是三编的，还是其他的什么，迄今为止我们还没有看到，把人格权作为民法典当中和物权、债权、婚姻继承，和这些并列的独立成编的这样一个设计。

　　目前来看，可能我们是开创性的，我今天想说的内容会侧重于一些新的东西，是说人格权编固然整个是一个新的，但是我们并不能说人格权法的相关规定，是到这部民法典，到人格权编出来才有，不是这样的。大家可能其实很早就知道，一直就听说人格权、人格利益、名誉、隐私、肖像这样一些概念，我相信这些概念大家并不陌生。实际上，在《民法通则》当中就已经规定了很多人格权的相关内容，但我这一讲里面可能会多说一点事，就相比我们已有的从《民法通则》开始，包括后来最高人民法院的很多司法解释，比那些又增设了一些新的制度和新的规定。今天这一讲会侧重一点讲这些方面，当然两讲都是按照条文的顺序，但是下一讲可能更多的是浏览一下整个的，将第四编从第一章到第六章，这样整个浏览一下这六章当中的基本的内容和主要的规定，这大概是这两次的一个分工。

首先，就要说人格权编在民法典当中独立成编，有什么样的意义？意义当然很大，我刚才讲了我们做了一件开创性的工作，确实可能有法典以来还没有过这样一个设计，所以在此点上也确实有一些从理论到实践的亮点或者说突破。比方说，从传统法上来讲，我们会认为对于人格权的侵权，那也就是一个侵权行为。人格权就是一种权利，那么这项权利如果受到了侵害，就是侵权行为。因此以往我们可能会倾向于说，因为大家都知道整个的体例架构当中，侵权责任编也是独立的，按照传统的观念，我们会认为侵害人格权也是一种权利救济，在侵权责任编里面不也是同样可以解决吗？在这里面再独立出来一个人格权编，还是有很多意义的，或者说有很多功能上面的考量。首先，当然是权利宣示意义上的考量，我们知道传统民法应该说是更加地侧重于对财产关系的调整。按说，就像我们早在30多年前制定《民法通则》的时候，开宗明义就是说民法是什么，调整财产关系和人身关系，是这样的一个平等主体之间的财产关系和人身关系的法律。也就是说民法的调整对象、财产关系、人身关系都在里头。但是，不得不说，可能由于民法和市场交易、和财产关系的联系太密切，我们每天打交道的衣食住行都是民事法律关系，可能由于这个原因，我们以往的民法，从民法典到民事基本法律，都是比较侧重于财产关系的调整，物权、债权或者是更进一步来说，像这次民法典当中，我们没有债权编，但是我们有像合同、侵权行为，都是会侧重于财产关系的调整。而人身关系的调整——我只说这当中的人格利益的调整这一块——往往规定得比较简单，不是说不保护，但是确实没有说把它单独全部提取出来，集中地用一编的这样一个编制、这样一个规模去展示它，这个确实没有。从这个意义上来说，我们这次民法典将人格权独立成编，我觉得一个很直观的感觉就是，它突出了人格权的重要性。当然不是说以前它就不重要了，只是说以前它可能分散，比方说在总则当中有那么一些条文，在侵权责任、民事责任当中有那么一些条文，比较散，从老百姓的角度来说，可能不是那么一望而知，如果没有学过法律，可能还不知道我们国家法律有关于人格权的规定。对一个法律以外的人来说，他如果不是专门学习过的话，他可能说：会有吗？我没看到。从法院的角度来讲的话，在法律适用上面，可能原来在法律规范的适用上面，就要目光流转，我们有时候说：目光要在事实和法律之间流转，有时候也是目光要在法律和法律之间、这一章和那一章之间去流转，现在把它集中放到一起了。

我觉得，首先，至少在形式上我们凸显了它的重要性；其次，它也使老百姓能一望而知、一目了然；再次从法律适用的角度来说，也在检索上面增加了便利。在法律适用当中，很重要的一条是要寻找请求权基础，简单来说就是，依据哪一条来告？然后法官是依据哪一条来判呢？如果说我们现在集中给它放在一起，那么在法条的适用上面提供了很大的便利。

另外，这也确实是时代和历史发展的一个需要。我们这部民法，我们说这是 21 世纪的民法，因为我们是在 21 世纪制定编纂——应该准确说是编纂，编纂我们的民法典。如果说一个时代的法典，不可避免地要打上这个时代的烙印的话，那么在 21 世纪编纂的《中华人民共和国民法典》，不要忘记，这还是我们中华人民共和国诞生以来的法律当中，第一个带上"典"字的，其他的法都叫"法"，但是我们这个多一个字叫"法典"。作为在 21 世纪编纂的这样一部被冠以"法典"这样一个名称的法律，它就是要适应时代的变化，总要及时地反映这个时代。我们这个时候制定的法典，在什么地方我们能够超越前人，超越那些已经存在了 200 年、100 年的法典？我觉得人格权编就是其中很典型的一个表现。如果说在 200 年前，立法者还不能意识到这种人格利益的存在，或者说即使意识到了，也没有意识到它在现实生活当中，对于我们生活的安全便利，对于我们的各种各样关系能起到这么大的作用的话，那么 100 年以后、200 年以后，到了 21 世纪的今天，随着我们进入一个信息社会与科技进步、网络时代，它一定会带来很多 200 年前、100 年前的民法典所不能预见的一些现象和行为，因此相应地可能也会缺失这样一些规范。

我们现在来制定这样一部法典的时候，当然就要把这些吸收到我们的民法典当中来，这个应该也是时代赋予的一个使命，历史进步到这里，时代走到这里了，那么这样的一些就要及时地吸收到我们的法律当中来。现实中，大家其实不这么说但也能感受到，我们的身边关于人格利益的保护以及由此产生的纠纷，大家可能通过每一个个人自己的切身感受都能感受到，不再像以前那样，好像说可有可无，或者以前说吃饱饭就行，有钱挣就行，可能会更多停留在那种财产的层面。现在不是这样了，我们更多地会讲究生活的品质，这种品质并不只是说车更好、衣服更光鲜、房子更大，人作为高级的动物，有思想，有社会交往，有人和人之间的社会关系，这样的东西是超越财产的。其实不说大家也都能感受到这样的东西，在物质生活层面得到一定满足的时候，肯定就会追求这样一个层面，就是更超脱一点层面的追求，这样的追求当然也就要及时地转换为我们的法律语言。

这部民法典大家都知道了，一共是7编1260条，前天还是昨天，我们过组织生活，当时我就忍不住说了一句话，因为最近讲课我也老这么说。我说这个感觉很好，为什么呢，以前我们的法没有上过1000条，不要说上1000条，上500条都没有，以前讲课一引法条，引到别的国家的民法，动不动1000多少条、2000多少条，恨不得全是这种大数；一说到我们就几十条，最多一百几十条、两百几十条、三百几十条。现在好了，尤其人格权编正好就在第989条到第1039条，所以要是以后引人格权编，不管上课也好，裁判也好，一不小心就引到1000多条了，我觉得这感觉很好。咱们也能有这个一说就上千条的，这是大数，咱们也有大数的这种法条了，当然这也是开个玩笑了。但这确实内容就丰富了。

虽然这部民法典我们不能说它是推倒重来，整个地另起炉灶，它其实叫编纂，其实是把我们已有的单行法整合到一块。当整合到一起，我们看到体量确实就有1000多条，但整合当中，同时我们也有创新，很多创新，人格权编就是其中的一个非常重要的、非常亮眼的一个创设、一个创新。可能是在世界范围内来看，也是可以载入史册的，因为之前没有。

所以最后我们的民法典就是这么一个 7 编，体例好像也是不同于其他国家。在 7 编当中大家可以看到，它整个是这样，总则、物权、合同、人格权、婚姻家庭、继承、侵权责任。这个位置，之前我们有的学者还说过，人格权编应该放到前面，但我觉得放前放后这个不是主要的。法典有法典自己的内在的逻辑结构，我相信立法者把人格权编放在第四，这肯定也有他们的考量，因为后面紧接着就是婚姻家庭、继承这些。这是在民法典体系当中的位置，那么再看人格权编自己内在，我刚才讲了都是大数，第 989 条到第 1039 条，加上一般规定一共是 6 章，一共 51 条，条文数好像听起来不是太多。实话说，之前在制定的时候，大家在讨论这种事情的时候，确实也有一种担心说，人格权这样的规范，跟财产权规范不一样，可能会较少，比方说像合同法（差不多半壁江山了），有很多具体的操作层面上的规则，怎么订立合同，怎么履行合同，有一些具体的行为层面上的东西。人格权这块不是太显著，所以当时还想过说条文数会不会太少，现在来看没有，挺好，51 条，不是条文最少的，还有比它更少的，条文内容也蛮丰富的。然后除了一般规定以外，其他还可以分成生命权、身体权和健康权，然后还有姓名权和名称权、肖像权、名誉权和荣誉权、隐私权，还有一个个人信息保护，这是一个整体框架。

接下来，我就结合具体的条文，当然我刚才已经说了，今天的内容我会侧重在从《民法通则》到最高人民法院的一些司法解释到《民法总则》当中，虽然已经有人格权的规范，但是这次在这个基础上又有一些新设的规定，我可能会偏重这些。

我们先说民法典当中人格权编的第 2 条，总的序号就是第

990 条，就给人格权下了一个定义。这也让我们整体上了解，当我们说人格权的时候，我们到底是在说什么呢？人格权是什么？是民事主体享有的生命权、身体权、健康权、姓名权、名称权、肖像权、名誉权、荣誉权、隐私权等权利。这里加了一个"等"字，我们从这个定义里面可以感觉到：第一，看得出来这是一部权利法，我们在这里宣示了这么一堆的权利，告诉大家说这就是你能享受的、享有的人格权。当然这个权利有一个共同的特征，它都是以人格的利益而不是财产利益为客体的这样一种权利，这是从这个定义当中我们可以直观地看到的。第二，人格权是一个开放的权利架构，至少我个人是这么看的。因为人格利益这样的东西、这样的要素，它的主观随意性很大，它不像一些财产关系那么客观，那么容易在法律上去捕捉和界定。相比来说，人格利益会有很多跟权利个体的感受相关联的一些东西，这样的话就带来两个问题，第一个就是说人格权是不是像合同那样可以由当事人自己来创设，因为你看合同法就有很多，就有非典型合同、无名合同，人格权能不能这样，还是说反过来它不能这样，它得像物权一样奉行法定主义。我们从现在这个规定来看，似乎是一个法定主义。第二个，我刚才讲了，法定主义有它的局限，因为人格权是很主观的东西，权利人的这种人格利益跟权利人的主观感受联系非常密切，如果立法的时候就把它固定死了，可能会出现一个情况。因为社会生活每天在进步、每天在变化、每天有各种各样新的社会关系出现，如果你定得太死，如果新的权利类型出现了，又出现一个漏洞了，所以这里面要留有一个空间，这里面有一个"等"。光这样"等"一下是不是就够了？还是不够，因为我刚才说人格权的特征就是，它是一个开放的权利体系，所以很可能就会出现，法律颁布以后固定、抽象、提炼下来的这些权利类型，很快就会不足以去解释我们现实生活当中所发生的人格利益受到侵害的情形了，或者人格利益要去利用的那种情形了，怎么办？

我们来看，第 990 条的第 2 款：除前款规定的人格权外，自然人享有基于人身自由、人格尊严产生的其他人格利益。这一款非常重要。这一款跟前面一款不一样，提到了两样人格利益，一个叫人身自由，一个叫人格尊严。但你有没有注意到，它后面没有权，它不像前面说生命权、身体权、健康权、名誉权、荣誉权。第 2 款说的是，享有基于人身自由、人格尊严产生的其他人格利益。我们学理上把这里面所表达的这样一种人格利益、人格尊严，比第 1 款所列举的人格利益更加抽象，你能不能感觉出来？自由、尊严，在表达上更加抽象，外延可以更宽，解释余地可以更大。其他人格利益，实际上是一个什么？我们叫作一般人格权，一般意思就是什么呢？它其实就是一个框架，就来解决我刚才所讲的，由于人格权本身是一个开放的架构，怎么去解决我们现实生活当中可能立法当时没有明确固定下来，可是随着社会的发展，我们感觉到了这是一种必不可少的人格利益。我们要去解决由围绕着这样一个人格利益所产生的问题的时候，我们怎么样在法律上，依然能够是在法律的原则、法律的规定、法律的限定之下，依法来解决呢？所以这其实本身也是一个立法技术问题，那么要设计这样一个框架性的权利，它的规定可能会比第 1 款的规定显得更抽象一点，但是由于这样的一个抽象，它就具备了更大的一个适用的空间，就可以解决很多前面明确列举的权利当中无法归并的一些现象。

比方说，我们可以举一个例子，我也是前不久在网上看到有个案子，我们现实生活当中可能会存在一种情况，相信大家也都碰到过，对于来自某一个地方或者说某一个地方的人，可能会贴上一个标签，这个不好，是吧？我们都知道这种事情不好，但是这就是生活。老百姓有时候会说什么地方的人，好像就给这个地方贴上了一个标签，好像这个地方就具备一种共性，有时候就会出现这种情况，就会出现一种近乎歧视的现象。比如说招工的时候，居然就敢说不要什么什么人，就说你只要是某地方的人，我们就不要，老板不喜欢这个地方的人，不要。有人就较真，拿起法律武器，大家都是中华人民共和国的公民，凭什么我因为这个地方的籍贯，在这个地方出生，你就要对我另眼相看。这是歧视，告到法院。我们就会说，歧视或者说地域的歧视，我们再可以扩张到性别的歧视等。你说这种歧视，地域的歧视，你能归到我们这前面所说的生命、身体、健康、姓名、肖像中吗，好像都归不进去。哪个也放不进去，可是你说这事你能不管吗？你说，对不起了，你这不属于法律所规定的权利，你这也不是法律所保护的人格利益，对不起了，爱莫能助。好像也不合适，这分明是一种对人格利益的侵害，法律必须加以保护。这个时候、这种情形下，如果我们仍然想把它纳入法律的救济、法律的保护范围之内，第 2 款一般人格权就能解释进来了，因为这是框架性权利，这个框还带点弹性，能装进来，因为人身自由、人格尊严，尤其尊严的解释余地太大了，你歧视我，那就是有损我作为人的尊严，这法律就用上了，一般人格权这样就用上了。所以立法设计这样的条文，我觉得还是非常科学的。

其他亮点我们再来说几个。之前我们一直在讨论，学术界一直也在争议，我们老说人格权是非财产权，包括刚才前十几分钟我讲的时候，也一直在努力地想讲清楚人格权这个概念，一直拿财产关系在参照，就是说财产关系以外的非财产关系就是人格利益、人格权的关系。但其实，相信大家已经感受到，好像不是这样，我们现实生活当中好多法律人叫作人格利益似乎是非财产的东西，好像也能卖钱，也能创造财产收益，不仅仅是个精神愉悦，不仅仅是一个精神层面上的东西，好像也很俗，也很实在，比方说冠名权，那能白让你冠吗？得收钱的吧？而且感觉这好像是姓名卖了个钱，是不是？再比方说，代言，除了签个名字之外，往往还得有个照片，还得有一段影像，就这个人哗一出来。感觉好家伙长成那模样就卖了钱了，这不就是肖像吗？你说你不给钱他能让你用吗？这种事多了以后，大家就开始质疑，说不是像你们说的它就是非财产关系。应该说，这个现象确实存在，也是我们社会进步的一个表现，传统民法中我们总是严格地界分，泾渭分明，财产是财产，人身是人身，这个特征是非财产的，不能用金钱度量。你能说我这个名字值多少钱吗？你能说我这个名誉值多少钱吗？无价，是吧？你能说我这张脸值多少钱吗？没法说，是不是？你能给每个人都定个价吗？你这张脸 1000，那张脸 20000，好像我们以前一般这么去理解这些东西，说这个是不能用金钱度量，所以它是非财产的关系。但是你看，社会越来越发展，你就会看到，好像也可以拿来卖钱，也可以用金钱去度量，也可以明码标价。我们 21 世纪的民法，就要规范这样的东西。所以人格权编里面就明确了某些人格利益的经济利用规则。

当然，只是"某些"，它还不是普遍现象。到今天我也要说，人格利益和财产利益还是两个不同的调整范畴，但是某些人格利益，我们说它确实会带上一点商业利用、经济利用的价值和属性。这时候我们说法律不能无视，就要制定相应的规则，所以我们看《民法典》第993条就说了：民事主体可以将自己的姓名、名称、肖像，不是所有的人格利益都可以，生命、身体、健康，这样的你就不能拿来，说我这条命我卖了，我卖钱，谁买我这条命，这要命是吧？这就不是买命了，这是要命了，是不是？所以，像这样的，就不能成为交易的对象，但是姓名、名称，起了个很好的名字，别人想用了，来商量，给个好价钱我就卖，或者说当然也不叫卖了，卖说的是转让，有时候也不一定是卖掉，我还得叫这个名字，但是我给你用，你不能白用，给点钱，我们就坐下来谈。

这时候我们就会说，像姓名、名称、肖像，专业上有个说法，会把这个叫作标表型的人格利益。人格利益我们也可以分类，像这种表彰一个人的存在的这样一些外在的东西，身外的东西，姓名、肖像，这些不是内在的，像生命的，内在像名誉也好，不是像这些，而是外在的这样一些东西。我们说标表型的这样一些人格利益，法律上来讲，不妨碍投入这种经济利用的领域当中去，所以这里面有个限定，其性质不得许可的除外，就像我刚才所讲的，不是所有的人格利益都能拿来标价，不是所有的人格利益都能来做商业上的利用，这要看它的性质，性质上不可以许可商业利用的、经济利用的，那就不行。你看这样的一个规则，这就是与时俱进的能够体现21世纪特点的这样一个新的法律规定，我相信这是之前的民法，在观念上也好，规则上也好，都不会有的，这是一个新的亮点。

在一般规定中还有一个亮点很抓人眼球，很让人关注，因为这个问题之前在学理上也好，在审判实践当中也好，也是讨论得非常激烈。《民法典》第996条："因当事人一方的违约行为，损害对方人格权并造成严重精神损害，受损害方选择请求其承担违约责任的，不影响受损害方请求精神损害赔偿。"听明白了吗？前面听下来这是一个违约责任，是不是？因一方当事人的违约行为，那不是合同里面的事吗？那就是损害赔偿，计算违约金，对吧？或者继续履行，这不是财产关系吗？怎么跑这来了？它后面说的是违约以后，如果造成了精神损害，因为你违约，因为你不守信，因为你不履行合同我很痛苦，这时候会产生精神损害。在看上去是一个合同纠纷、一个财产关系的纠纷当中，我可不可以主张精神损害赔偿这样的人格利益保护层面的东西？以前争议很大，很多人觉得不能接受，因为我们都知道，因为这个是合同法上的，合同上我们讲损害赔偿，我们讲一个可预见规则，讲可预见范围，我承担违约责任，我如果要承担损害赔偿的话，必须在我的可预见范围之内，必须在我违约一方订立合同时的可预见范围之内。我们说精神损害，说我违约会给你造成精神痛苦，这可不在我可预见范围之内。或者我们反过来说，这个如果纳进来，你说哪个合同违反了不痛苦，你如果放开了，会不会以后变成每一个合同的违约责任的追究，都附带一个，几乎跑不了。谁会违约以后还哈哈大笑说好，我就希望你不履行，有病了，是不是？你签一个合同肯定是希望对方履行合同，按时、按照约定的品质，诚信守约，这肯定是我们签订合同的目的之所在。所以违约肯定不爽，一旦对方违约肯定不高兴，这种不高兴你再往严重了说，肯定就痛苦。我怎么碰上这么个人，痛苦，这要是说违约责任里面都能够基于你的痛苦，因为或多或少都会有，要精神损害赔偿，这就大发了，是不是？

所以，以前在这个问题上面一直争议非常大，我们这次规定了，在人格权编当中，我个人觉得这是相当大的一个突破。当然，就像我刚才说的之前讨论当中之所以不主张、反对的理由，也是说：第一，它违反了合同损害赔偿的一个基本的规则；第二，闸门打开以后，会不会控制不住？这闸会不会开得太大了，大水漫灌，每个合同里面都有一个损害赔偿，都有一个精神层面的损害赔偿，都说我痛苦。这恐怕也不行。所以，这次你可以看到有限定，一方的违约行为损害对方人格权，得是损害了对方的人格权。合同行为是违约了，但是你损害了对方的人格权，你要是没有损害对方的人格权，只是一个财产损害，那不行，所以这是一个限定，是在一个违约当中，同时损害了对方——通常就是守约那方——人格权。还有后果：并造成严重精神损害。一般说你就不爽不高兴，不行，你要达到精神损害层面，那得是严重精神损害。当然这严重程度到底到多严重，就有待进一步再结合具体的案情来做具体的分析来判断了。

那么还有一个很重要，也是在一般规定当中增加的一个，就是跟人格权的保护有关的一个诉前禁令制度，什么意思呢？我们知道人格权的侵害有一个特点，它不像财产关系，财产关系可以补救。这个东西坏了我赔钱，或者如果还能履行，那我就继续履行。这东西如果还继续能往下做，我就再给你做，我就给它完工了，我给它做好了。前面慢了，前面没弄，现在追究违约责任，我再给你做好。这些是能回复到原来我们所约定的状态当中去，是可以补救的。而人身关系、人格权关系，非财产属性的人格利益，这种是覆水难收。比方说，隐私权受到侵害，这东西被暴露了，被别人都看去了，你再想从人家的脑子里面把这个印象给抠回来，这可做不到，我觉得至少人类科技到目前做不到，将来能不能不知道，这个我们可以抱有理想，万一哪一天就实现了，说我能删除你脑子里面的记忆，真要到那天倒也蛮好，但至少目前肯定做不到这点。所以，如果一个人侵害另外一个人的人格利益，别人就从此改变对这个人的看法，没想到这个人是这样的，这印象你能改变吗？你要删除它，删除掉他脑子里面形成的印象吗？或者说是看了不该看的东西，别人的隐私的东西被他看了，看了以后你能说这东西不能看，我救济的手段就是给你删了，过来，咔嚓，这恐怕也不行。所以人格利益受到侵害，它有这么一个特点。因此我们说最理想的状态就是根本别发生，因为一旦发生以后，损害一旦造成，当然我们人格权编中有具体的很多救济手段，我们可以消除影响，可以恢复名誉，可以赔礼道歉，还可以精神损害赔偿，有这些措施。但是说起来，事肯定都已经这样了，这些补救都有点覆水难收的感觉，所以可能最好的办法是事根本就不发生，这就是人格利益的损害带来的一个特殊的救济上的要求，我们民法上就专门有这样一个规定，就是什么呢？我先就及时地采取制止措施，提前，我们看《民法典》第997条，"民事主体有证据证明行为人正在实施或者即将实施"，尤其是即将实施，"侵害其人格权的违法行为，不及时制止将使其合法权益受到难以弥补的损害的，有权依法向人民法院申请采取责令行为人停止有关行为的措施"。它可以提前，你事还没做，在一般的侵权当中，我们知道这个是不可以的。法官说，你损害没有造成，你怎么让我相信他这个行为会对你造成损害。可问题是，这是人格利益，真要等它损害造成了，就晚了。最好就是在它即将实施的时候，我打探到了，据我了解他们印了一批书，印了一批这个东西里面有的对我极为不利，里面是涉及我隐私的，我才不要让世人知道。我能不能别等它出来，不等它实际造成损害，我就先下手为强，我在他还没有把这个书拿出来卖的时候，我抢在他还没有投放的时候，我能不能就采取措施，申请法院责令行为人停止有关行为。这个制度其实还是非常好的，这是我们新设的一个制度。

接下来再介绍一个，就是器官捐献方面的一些规定。我刚才讲，这是 21 世纪的民法典，它要有很多顺应时代变化的新东西。现在 21 世纪了，有很多人体基因工程，器官移植，我们在享受这些人类科技进步带来的好处的同时，也会发现它引发了很多问题，因此法律必须规范。比方说，器官捐献这个事，人类器官的移植，虽然历史上很早就有，但是真的技术的进步带来的问题可能到现在才比较突出，那么法律也不能无视这一块。

我们看《民法典》第 1006 条："完全民事行为能力人有权依法自主决定无偿捐献其人体细胞、人体组织、人体器官、遗体。任何组织或者个人不得强迫、欺骗、利诱其捐献"。这里面贯彻的一个原则一定是依法自主，而且是要完全民事行为能力人，得是一个大人、成年人、懂事的人，他能有自主的意志，能够自己决定对他来说利害相关的这件事情。然后形式上也要求很严，应当采用书面形式，当然也可以是遗嘱了。还有生前没有表示不，有时候是这样的，活着的时候没来得及，比方说突发事件，然后家人就做主了，说我们觉得应该奉献社会，我们相信这也是他的遗愿，经常会有这样的说法。父母就决定了，或者子女就决定了，然后说我们相信这也是死者自己的愿望，我们这么做应该也

是他 / 她在天之灵，他 / 她也会愿意的。我们以前一直有这样一个问题，能做这个主吗？你看现在就规定了，"自然人生前未表示不同意捐献的"，只要你生前没说不许，怕这个事儿，不可以，只要生前没有这么说。该自然人死亡后，其配偶、成年子女、父母可以共同决定捐献，这个决定捐献应当采用书面形式。

然后还有一个严格规范，现在我们新增加这样一条，规范医学临床试验的活动。另外，还有一个我们大家都知道，现实生活当中发生了一些新的纠纷类型或者新的侵权类型，甚至可以上升到新的犯罪类型。比方说，前段时间这个案子大家很熟悉了，基因编辑婴儿这样的一个事件，科技界包括我们普通人都很震惊，带来了医学伦理等这一系列的问题。这样的行为法律上要规制吗？正好这时候赶上了，我们正好在制定民法典，就要把这个内容写进来，躬逢其时，坐在那想可能都想象不到，正好发生了，我们就给它写进来。所以我们这里就规范了，第 1009 条："从事与人体基因、人体胚胎等有关的医学和科研活动，应当遵守法律、行政法规和国家有关规定，不得危害人体健康，不得违背伦理道德，不得损害公共利益"。这都是一般性的规定，但这样的规定非常重要。

还有一个，又是新的规定，性骚扰。性骚扰这现象不是什么新现象了，但是以前可能都是在一些其他的法律当中，比方说《妇女权益保障法》里面有"不得实施性骚扰"之类的表述，这样的规定缺乏可操作性，我说缺乏可操作性是什么意思？它更多的是一种义务或者权利的宣誓，没有具体的构成，再往下说，什么样才叫性骚扰？或者再往下说，就算发生了性骚扰，它导致什么后果？没有了。我们这次《民法典·人格权编》就规定了，第

1010 条，"违背他人意愿，以言语、文字、图像、肢体行为等方式"，就各种各样的行为方式，"对他人实施性骚扰的，受害人有权依法请求行为人承担民事责任"。这就细多了：第一，把行为类型列举出来了，言语、文字等这样一些，当然真要说做到这一步可能也还是不够，其实在我们以往的审判实践当中不是没有性骚扰这种案子，已经有过案子，因为法院也把这个列为案由受理了。但是确实有一个困惑，就是什么样的行为属于正常，比方，我们就拿说话来说，拿称呼言语，在什么程度上就是正常的交往，大不了开个玩笑，什么情况就构成越界，界限到底在哪里？说到这里，我要再说一个人格权立法的意义所在，其实这也是一个很重要的意义之所在，我们给权利的行使划一些线出来，说人格权是我自己享有的权利，我与生俱来的权利，生下来就有，不需要你赋予我。但是，行使这些权利的时候，我们处在社会里面，要不要有些规矩，规矩要定下来。性骚扰也是这样，也就是说这个界限到底在哪里呢？我们说具体的行为类型，但是具体的判断可能将来也是在具体的审判实践当中，我们要进一步去解释，我比较强调解释论，我就说可能法律规定到这一步已经是一个非常大的进步了，值得称道，但是有没有彻底解决问题？我们说，法律的生命在于适用，接下来可能在具体的适用当中，还有些问题要去具体解决，比方就说言语，你说称呼一个人，比方说称呼一个人"小姐"，这个可能放到以前，是文明礼貌的象征，称呼"先生"、称呼"小姐"，是这个人有修养，彬彬有礼，你现在对一位女士叫"小姐"试试，估计给你一家伙，或者给你一白眼。就这些可能再具体的东西，文字、言语这样东西，它到底构不构成性骚扰，可能我们也要随着时代的变化，因为我们的生活语言是在变化的，我们本来称呼男同志、女同志，现在称呼就很广泛了，什么美女、帅哥，什么男神。本来神这玩意是很神的东西，一被称男神恨不得四大天王，现在动不动就说男神，我觉得现在说男神也跟以前说男同志差不多了。可见语言本身在变化，所以观念也在变化，但是有这样一个具体的规定，至少是开设了这样一个规范，这就是一个很大的进步。这是关于性骚扰方面的，是一个亮点。

那么还有一个亮点，又是科技进步的表现，我们说这21世纪民法，我们要体现出来，我们现在都知道网络上面叫P图，这个移花接木，也太厉害了，随便一个智能手机上就能解决这个问题，下一个软件都可以。这时候就经常会出现这种问题，说根本不是这个人，把别人脑袋摁上去P一下，其实根本不是这个人，P一下P成这个人，肯定给这些人造成损害。说这不是我干的，人P上去以后，你还别说，欺骗性特别强，我周围一些同事，你要说起来都教授了，特别信这个东西，一看就信，一看这照片，一看这个视频就信为真了，其实都是假的，都是P的。所以网上的东西真的要多个心眼，这种行为我们要不要规范？

在肖像权里面就规定了，第1019条，"任何组织或者个人不得以丑化、污损，或者利用信息技术手段伪造等方式侵害他人的肖像权。未经肖像权人同意，不得制作、使用"，等等。

你看，这就是科技进步及时地在法律当中得到了体现。这是关于我们说到的这几个亮点，不是全部。最后，我再说一个，也是我认为其中一个非常大的亮点。关于隐私权的这部分，我们在人格权编里面的最后那一章，隐私权和个人信息保护，我觉得一个关于隐私权的亮点是什么呢？是进一步完善了、丰富了隐私权的概念，到底什么叫隐私？另外一个亮点，就是把我们现实生活当中，大家越来越觉得它的重要性的个人信息，明确地纳入了民法的保护范围。

我们先看，第1032条："自然人享有隐私权。任何组织或者个人不得以刺探、侵扰、泄露、公开等方式侵害他人的隐私权"。首先列举了侵害的手段，就像刚才讲性骚扰似的，列举了这个手段，帮助我们去判断。接下来，隐私是什么，给隐私下了一个定义，什么叫隐私？"隐私是自然人的私人生活安宁和不愿为他人知晓的私密空间、私密活动、私密信息"，三个私密，这就给出了一个相对来说比较清晰的概念。以前隐私权在《民法通则》当中就没有，我们后来的司法解释有，但是它的一些概念还是不清楚，甚至因为它本身也是法律发展以后加进来的，早期我们都不区分隐私和阴私，一说隐私就会用刑法上的那个概念"阴私"。但我们慢慢地随着进步，随着认识、研究的深入，我们这次立法上给出了这么一个相对来说比较清晰的描述、概念，我觉得这样是非常好的。

另外还有像第1033条，对于侵害的行为作出了一个列举。我觉得，这也是人格权独立成编当中一个非常重要的深意。它可以帮助我们的裁判者更加知道裁判的尺度的把握。在民法典当中明确就列举出来，就告诉你，就这样一些行为，用这样很具体的描述性的语言去列举它。这有助于帮助我们，我们说法律无非一个是行为规范，列出来告诉你什么该做，什么不该做，行为的界限在哪里，如果我要依法，我要守法，我该怎么做；另外一个就是裁判规范，法律是给法官拿来判案子用的，那么法官裁判规范，你要告诉法官哪个行为不能做，哪个行为做了后果就是什么。你看，第1033条，"除法律另有规定或者权利人明确同意外，任何组织或者个人不得实施下列行为：（一）以电话、短信……"等等，这些时间关系我就不再念了，大家有兴趣可以去查查这个条文。但我要说，你看它从裁判规则、裁判规范的角度来说就非常细了。

这个部分里面还有一个亮点，就是明确了个人信息的保护。我们都知道个人信息进入我们生活的时间也不太长，这也是信息社会带给我们的福利，但它同时也带来很多现实的问题。一说到这个，可能每个人都有亲身感受，这个不像说别的什么事，说有的遭遇过，有的没遭遇过，一说个人信息谁都有话语权，因为谁都是受害人。你说哪个人一天不收几条垃圾短信，为什么人家能发垃圾短信，就因为你的手机号码被泄露出去了，你的个人信息给人卖出去了，个人信息没有得到保护，整天就被人骚扰。我觉得，现在你要是说一天不收几条垃圾短信，见人都不好意思打招呼，说我这人怎么就这么次呢？连条垃圾短信都收不着，是不是？它太普遍了，这个应当规制，所以我们《民法典·人格权编》里面，第1034条就明确规定了"自然人的个人信息受法律保护"。什么叫个人信息？立法给了一个定义，"个人信息是以电子或者其他方式记录的能够单独或者与其他信息结合识别特定自然人的各种信息"。这里面这个话大家注意一下，能够单独或者与其他信息结合识别，我为什么提醒大家注意，我们很熟悉一个东西，人肉搜索。一说人肉搜索，这也是让人五味杂陈的一个技术。其实人肉搜索本身很难说它是什么，就是综合各种手段，就是利用各种信息，把各种信息通过电脑的、通过技术手段一结合，准确锁定一个人，然后就把这人给挖出来了，人肉搜索就这样。所以人肉搜索本身也没有什么，它背后其实是一个个人信息的问题，就是个人信息通过技术来结合运用之后达到的这么一个效果，是人肉搜索。这弄不好，就可能给人造成损害，所以它其实也属于个人信息的运用的范围。我们如果说要保护它、要规范它的话，可能源头在哪里，源头还是在个人信息，它要得不到那么多个人信息，就没有办法去综合起来最后去经过电脑的一番搜索技术，通过电脑的强大的计算能力综合分析，最后就锁定这个人了。它的运用的材料仍然是个人信息，所以我们要对个人信息加以规范。那到底具体又包括哪些？第1034条里面就规定了，"包括自然人的姓名、出生日期、身份证件号码、生物识别信息、住址、电话号码、电子邮箱"，这电子邮箱还是后来二审的时候加进去的，原来还没这么细，"健康信息"，健康码，"行踪信息"，我们这次疫情当中就运用了很多，当然这个是在社会公共利益的需要的意义上使用了。

最后就是个人信息中的私密信息，适用有关隐私权的规定，为什么加这一条？大家注意到，这一章的标题叫"隐私权和个人信息保护"，个人信息后面没有加一个"权"，由于时间关系我们也不展开讨论，到底是应该叫个人信息，把它作为一种法益来保护，还是应该叫个人信息权，这个事说起来话长了。但是，我们先回到法律的规定，就是说个人信息的保护，如果侵害了他人的个人信息的这种人格利益，到底应该归到哪个里头？说适用有关隐私权的规定，也就是说，可以相当于隐私权受到侵害，用隐私权当中的规定来加以保护，"没有规定的，适用有关个人信息保护的规定"，就是个人信息当中有些私密的东西，它是两边的，既可以说是隐私，但是同时也是个人信息。属于这两头的，首先适用隐私权的保护的规定，也就是说优先适用关于隐私权的规定；隐私权没有规定的，我们就用个人信息保护的相关规定。

我看时间也到了，那么这就是我今天跟大家一块分享的，我们《民法典·人格权编》当中的一些规范和亮点。不是全部，因为时间关系，我挑了一些来跟大家分享。今天的课就讲到这里，感谢大家收看本次《民法典开讲》。谢谢大家！

# 第九讲

# 人格权编：让你活得有尊严

## 姚　辉

中国人民大学法学院教授、博士生导师
中国人民大学民商事法律科学研究中心主任

大家好，欢迎大家收看由司法部普法与依法治理局、中国人民大学法学院联合出品，百度 APP 联合制作的《民法典开讲》系列公益公开课。我是中国人民大学法学院姚辉。

上一讲我们整体上给大家介绍了一下民法典的人格权编，尤其侧重的是人格权编跟以往不同的新增设的一些规定。这一讲，也仍然是按照条文的顺序，按照章节条文的顺序，我们共同浏览一下人格权编当中的一些基本规定和主要制度。我想通过浏览这些条文能够让大家感受到，就像我们上一讲已经讲到的，人格权编如何使得我们每一个公民、每一个自然人、其他社会组织在法律上能够活得更有尊严，我们通过具体的制度来感受一下。

那就按照这个条文的顺序来说，首先我们还是从第一章开始。这里面有些内容我们上一讲的时候已经提到了，像人格权的定义、调整对象、一般人格权这些内容，这些都已经提到。这一章当中所涉及的内容，有几个条文是我们没有讲到的。首先，是第 994 条，它是关于死者人格利益保护的这样一个条文，我们今天讲得有点意思，先从死者开始说。民法上我们一般认为法律是调整人和人之间的社会关系，就具体的民法来说，民法调整平等主体的自然人、法人、非法人组织，就是这样一些民事主体之间的社会关系、财产关系、人身关系。所以通常来讲的话，民法调整的人和人之间关系当然指的是活人，所以民法是人和人之间的关系，一般来讲，民法不管死去以后的事情，但也不是说完全不管死去以后的，比方说民法的继承编，它解决的就是故去的人留下的财产的法律上的处理问题。但是我们要说，就人身关系来讲，人死了，法律就没法再调整，这个也并不是绝对的。就人格权的保护来讲，虽然我们说，法律只调整活人与活人之间的关系，但是这并不意味着一个人一旦失去生命以后，不在人世之后，对他人格利益侵害等违法的行为就不会发生。

我相信这个大家可能也很容易想到一些现实的例子，比方说某个人虽然去世了，可能都是去世很久了，甚至一些历史人物、知名的公众人物，但是对于他的评价，对于他生前怎么样的评价，包括一些他生前的事情，等等，在社会上说，并不会因为这个人不在了，大家就不再讨论这个人。实际生活当中这个很正常，大家也还会拿这个人说事，这当中就不排除有时候会出现这种情况：说的这些事有可能并不是死者的事，其实人家没干过这个事，非得说人家这样，这样还只是事实层面的；但是有些就是评价性的，尤其是评价性的一些话，这可能就会造成一些后果。比方说，这个人活着的时候，在公众当中形象非常好，是一个非常正面的形象，等到故去以后，后人中可能有些这样的人，他就去做考据，就去做研究，就说原来是一个这样的人，披露出一些这个人这样的事那样的事，结果导致社会公众对他的评价降低，说想不到这个人是这样的，这么一个人，原来很高大的形象轰然就倒塌了。当然，对死者来说已经无所谓了，但其实这里面至少会出现两个问题：第一是假如被贬低，因为评价也可能是提升的，也可能是贬低的，我们就说贬低的这种情况，如果是对一个故去的人做了一些评价，披露了一些以前没有公开的事情，一些底抖出来了，死者当然无所谓了，也不知道这个世界发生了什么，但死者的后代、家人肯定会感受很不好。比方说，是死者的后代，虽然不是他自己的事，但人家一听说，敢情你们家那谁是这样一个人。我想至少，第一，会痛苦，自己的亲人都已经不在了，还要被人这样去糟践；第二，我们说有一个词叫反射的损害，虽然不直接冲着你，冲着你故去的亲人，但是反射的，实际上会影响到公众对你的评价，说估计你也不是个好人。比方说，你爹是这样的，你估计也好不了，这肯定就不行。这是一个层面上，就是说针对个体的层面上来讲，另外有些人物已经成了历史人物的这种，公众已经对他形成了一种非常正面的、一种很正能量的心目当中的地位。然后去颠覆，披露他一些事，不管是真是假，披露出来，尤其是捏造一些，这样也会使得大家心目当中的那种感情受到一些伤害。就像我刚才说的这种情形，如果针对一个死者的评价性的语言，这种事实的暴露，等等这些的话，总而言之对于人格利益的这样一些侵害，其实还是会发生我们说的法律上的后果。

人格权编当然不能置之不理，不能说那就不管了，阴间的事不管，肯定不能这样。第994条就有这样一个规定，“死者的姓名”，首先我们说是跟死者相关的哪些东西，大家注意到没有，生命、身体、健康就不管了，人都死了，生命肯定没有了，身体可能也化为灰烬了，健康当然皮之不存、毛将焉附，健康也就无从谈起，这些都没有了，但剩下的其他人格利益：姓名、肖像、名誉、荣誉、隐私。还有一个遗体，刚才讲的身体，我们说的主要是针对活人，但是死了以后也还有一个遗体。尤其对于死者的亲属来说，遗体是有非常特殊的意义的，是寄托了很多东西在上面的。所以这个遗体，这个不是活人的身体权意义上的身体，我们说的是遗体。这些受到侵害的，当然可以寻求民法上的救济，人格权编对于这部分同样是要保护的。但是这就出现一个问题了，就是保护范围，这里面法律上就有一个考量，一方面必须保护，就像我刚才讲的这种情形，大家可能听下来也会觉得不保护不行，这个不能成为法外之地；但是另一方面，反过来说，这要是保护起来的话，是不是也得有个范围的限制。假如说，古代的人，举个可能并不贴切的例子，咱们著作权保护还有个 50 年的期限，太早了，那就进入公共领域了。人是不是也这样呢，几千年前的人物，随便举个例子，比方说孔子，孔夫子的后代，如果有个人说孔夫子不是圣人，说了一通，孔子的后代能站出来说，你这样侮辱了我的祖先，我告你去，这个可不可以？咱们还真有过这样的案子，我们知道唐宋八大家里面有个韩愈，韩愈是多少年前的人物了，唐宋八大家韩愈文章写得非常好，后世有个文人也是闲得慌，写了个考据文章，考据出来说他有重大发现，他发现韩愈是死于花柳病。这个好像有点颠覆众人心目当中大文豪的形象了。赶巧了，韩愈后代还真在，大概几十代，反正是后代，受不了，你怎么能说我们家祖先是花柳病、生性风流，这怎么行呢？就告到法院了。

所以我们放到今天来看，这有一个问题，不管多少代的，不管多早的祖先，只要侵害了，后人就可以告吗？这个肯定要有个范围的限制，还有哪些人能告，亲朋好友，挚爱亲朋，亲朋好友的范围多了去了，相干的不相干的。也许是一个普通人，但这个人是说，你说他我就不行，我崇拜他，我是他的粉，你说他就不行，我就要告，那能行吗？就是说，一个是时间跨度上，多长时间之内的，另一个是范围上，仅限于亲属，亲属还有个范围，三代以内还是五代以内，还是不论代。法律上就得严格，就至少要明晰。人格权编是这么规定的，其配偶、父母、子女，这个范围就限定了。"其配偶、子女、父母有权依法请求行为人承担民事责任；死者没有配偶、子女且父母已经死亡的"，前面这句话说的这些都不在，那就是"其他近亲属"。所以这里面划了一个范围，配偶、子女还有父母再加上一个其他近亲属，这样一个兜底的条文，把我刚才说的两个范围的问题其实都解决了。一个从时间的这根轴上面来说，三代以内近亲属。要是再早的，比如曾曾祖父，就不能管了；另外一个横向的范围也确定了，近亲属，配偶、子女、父母及其他近亲属。

这是关于死者的人格利益保护的问题，有一点提醒大家稍微注意，你可以看到，这里面在死者的这些人格利益的列举中，没有说是姓名权、肖像权、名誉权、荣誉权、隐私权等。没有这么说，而是把权去掉了，其实这里面也是大有深意在的。为什么说涉及死者的这些人格利益的时候，就不再说是权利了。因为如果我们说死者的姓名权、死者的肖像权，等于说什么？就说死者还有这项民事权利，这有一个问题就出来了，民法总则当中说人的民事权利是来自什么？你要享受民事权利，首先你得有民事权利能力，民事权利能力始于出生、终于死亡。所以，这个地方我们要联想一下，就是在民法总则当中，我们讲到权利，权利以什么为前提，权利要有民事权利能力，民事权利能力民法总则里面讲得很清楚，始于出生、终于死亡，人要是死了，就没有民事权利能力了，当然也就不能再享受民事权利了。所以这会出现一个冲突，会出现一个矛盾。所以，通常我们说死者固然也还有人格利益在，但是我们就不说这是一个具体的人格权了，这一点大家需要稍微注意。

接下来是第 995 条，这是一个关于人格权请求权的规定，我们在上一讲当中还专门提到了这次人格权编当中新设的一个人格权请求权，就是诉前禁令。这一条更加完整。人格权法是一个权利保护法，所以这种权利的保护最终要落实到哪里呢？在法律上，如果说一个权利，没有权利的救济，对这个权利我们有个形象的说法，这老虎没长牙齿。老虎不长牙，谁都能碰它了，法律的尊严就没有了。所以，作为一个权利法，前面宣示了这些权利，提醒了大家行使权利的时候的界限，诸如此类。最后一定要有一个什么呢？权利的保障，权利的救济，也就是说，一旦有人真的胆敢无视他人的人格利益，无视他人依法所享有的人格权，对它造成了侵害，那么法律上是有后果在等着他的。这个后果第 995 条讲得很清楚，"人格权受到侵害的，受害人有权依照本法和其他法律的规定请求行为人承担民事责任"，就是有权利，大家就负有不得侵害这样的权利的法定义务，一旦违反了这项义务，就会产生一个什么？民事责任，这个后果就出来了。这个后果具体是什么呢？可以要求：停止侵害、排除妨碍、消除危险、消除影响、恢复名誉、赔礼道歉等。要承担诸如此类的民事责任。然后后半段这句话说，"受害人的停止侵害、排除妨碍、消除危险、消除影响、恢复名誉、赔礼道歉请求权，不适用诉讼时效的规定"，这一点其实也很重要。我们一般讲，比方说合同法上面的权利，侵权法上的权利，我们专业术语叫作债权、相对权。这个都会有一个时效的限制，比如三年，从你知道或者应当知道你的权利被侵害的时候开始，时效就开始起算了，过了时效可能就会丧失你的胜诉的权利。但是为什么人格权这里面，就是说这几项民事责任的救济的手段，它不受诉讼时效的限制，因为联系到人格权的性质来说，人格权是一种绝对权，只要这种行为在，受害人就可以要求寻求法律的保护；只要这种加害行为在，只要这种损害还在，那么加害人就有义务去消除掉这些损害的后果，法律也就要去追究后果。其实这个道理也很简单，这个人侮辱诽谤我了，只要他在侮辱诽谤，或者说只要侮辱诽谤的后果造成了，不会说过了多长时间，因为你躺着你自己没有主张权利，所以你就忍了吧，它跟财产权的关系还真是不一样的。所以说如果发生了这种侵害人格利益的行为，如果要恢复名誉，要赔礼道歉，就不适用诉讼时效的这种规定，所以这也是提醒大家要注意到的，结合人格权的特点，人格权请求权中特别的一个规定。

还有一个，在一般规定当中有一个很重要的，就是人格权的合理使用的问题。我们也都知道，人格权尤其是人格利益上面的这种权利，实际上涉及的是个人和社会的关系的问题。从个人的角度来说，当然我享有各种各样的人格利益，我的尊严、我的自由，就是我们上一讲都已经说到的我的姓名、我的名称，等等这些，当然就是我自己来决定我应该怎么样。从这意义上来说，人格权是一种非常个性化的权利，但是我们又不要忘记我们是生活在社会当中的人，这种个体的人格利益、人格权，这些权利一旦在社会当中涉及他人的行为的自由、他人的利益、公共利益的维护的时候，这里面可能就要有一个衡量，有一个取舍。比方说，作为个体的一些利益，可能就要做出一些法律上的，我们说牺牲也好，我们说克减也好，甚至可能说容忍也好，那就要服务于另外一个更高的利益，比方说公共利益。所以这里面就有一个合理使用的问题，可能这种行为会让你作为一个个体的个人，感觉好像是人格利益受到侵害。作为个体的个人，这个时候会觉得很痛苦，感觉就像受到了侵害，效果是一样的，但是如果这种"加害行为"，其实是有一个非常正当的目的。

我们就看条文是怎么说的，"为公共利益实施新闻报道、舆论监督"，老百姓实施舆论监督，你干的这事，我就得给你曝光，你做的这事不合适。老百姓说，我给你曝光，我把你的肖像、把你照片贴出来，或者说把你的名字曝光了，说这个人做了这事、做了那事，接受监督嘛。如果是正当的舆论监督，这个时候被揭露的那个人、被曝光的那个人肯定不爽，肯定觉得不好，可能就会说，你侵害了我的肖像权，你把我的照片怎么也不打个码，就给发到网上去了。你就真名实姓地把我的名字说出来了，你这侵害我姓名权，然后这事一出来，所有人都在骂我，导致我社会评价降低，你侵害我名誉权。我们就说这个情形，新闻报道、舆论监督，作为被报道的人，作为个体，他肯定会觉得这些权利都受到了侵害，包括个人信息、家庭住址等也都被曝光了。这个时候他可能就会觉得，你构成侵权，但我们说这个时候就有一个衡量的问题了。如果说我们为了社会公共利益，为了更多人的利益，来实施这样一种行为，这个行为在法律上被认为是正当的，是有一个更大的利益的维护在那里面，这个时候我们说这叫合理使用。法条上说的是，"可以合理使用民事主体的姓名、名称、肖像、个人信息等"。当然，这个是合理，就要有一个合理的限度、合理的范围，如果使用得不合理，还是照样构成侵权，还是照样要承担民事责任，所以这里面的度要把握得恰到好处。

我们顺着章节的顺序来，接下来是第二章"生命权、身体权和健康权"。在上一讲当中，我们这部分因为结合一些新的规定说得也比较多了，所以这个地方我们只是给大家大概地介绍一下，都规定了哪些东西，我就给大家看定义。具体来说，这地方涉及了三种权利，一个叫作生命权，一个叫作身体权，一个叫作健康权。这是跟人身直接相关的，跟肉体、跟个体直接相关的这种权利。生命权，看法律的规定，"自然人享有生命权。自然人的生命安全和生命尊严受法律保护"，注意这里面两个提法。生命权的具体的内容，一个是生命安全，我享有活着做自己想做的事情的权利。只要不违法，只要不损害社会公共利益，没人可以任意地剥夺他的生命，没有人可以任意地危及他的生命的安全，这个是我们民法典的人格权编首先要保护的这样一种权利。另外一个，生命的尊严，生命本身的尊严，人活着，生命本身就有作为活着的价值、作为活着的尊严，这些决定权当然都在自然人自己，他享有这样的一个权利，那么这个权利当然也就得到法律的保护。所以这个条文说，"任何组织或者个人不得侵害他人的生命权"。

另外一个，就是身体权，"自然人享有身体权。自然人的身体完整和行动自由受法律保护"。具体来说，就像刚才我们讲的那叫生命安全、生命尊严，这里面说的是，"自然人享有身体权"，说的是具体两个东西：第一，身体完整，古人说"身体发肤，受之父母"，这讲的就是一个完整性，身体器官的完整是不受侵害的。所以，大家一听可能就会觉得，这好像跟其他的行为就结合起来，然后说如果对他造成一个伤害，构成一个侵害，往往就是什么？缺胳膊断腿，这个就是身体的完整性受到了侵害。

其实从人格权的保护角度来说，就是一个对身体的完整性的侵害。第二，行动自由，身体的状态是什么？人可以活动，有腿就能走路，有嘴就能说话，有手就能干各种事情，就像我现在在这指手画脚的，是不是？这个都是行动的自由，这个都是身体权的内容，一个人生下来，有一个身体，对于身体是享有法律所保护的权利的，这是自然人的身体完整和行动自由。

身体权其实这次也是一个新设的制度，大家一听可能觉得很奇怪，不是一直说生命、身体、健康，说生命、健康，这不都是一体的吗？怎么以前独独就落下了身体权，这个就要说到现在我们要说的健康权，就这三个权利里面的健康权。从 30 多年前我们制定《民法通则》的时候，就有一个观念认为，身体其实是包括在健康的范围里面的，因为健康并不是一个抽象的存在，健康肯定是身体健康。我们平常说话都是，祝你身体健康，所以健康的前提肯定是有个身体，没身体谈什么健康。所以以前就觉得健康这个状态，我们保护了健康，题中应有之义肯定就包含了身体在里头。所以在《民法通则》当中，就没有单独说身体权，我们通常就是说生命健康权，生命是一个权利，健康是一个权利，身体权就包含在健康里头了，它是表里合一的一个东西。在这些年的民法学的研究当中，包括在审判实践当中，大家开始觉得，其实还是两个不同的客体，身体是身体，健康是健康，身体讲的是器官的完整性、安全和自由，而健康讲的是一种器官本身所处在的一种状态。大家能不能听出来，这确实是两个不同的概念。比方说，有时候健康受到了影响，不一定是身体受到了影响。身体还完整的，很好，但是不健康，有毛病，这个时候是健康权的范畴，不是身体权的范畴。但我们好像逻辑上来讲，如果身体权受到了侵害，可能或多或少会带来健康状态受到影响、受到侵害，可能也正是由于这个原因以前就没有把它们区分开，就觉得健康可以包含身体了。但是法律的一个完备，其实也就包括权利类型的细化，包括细致和周到。所以从权利种类上来讲，将身体权再单列出来，这个肯定更加科学、更加完备。

其实这么讲，也是捎带就把健康权说完了，就不再说了。那么第1005条在这章当中，还规定了一个法定救助义务，"自然人的生命权、身体权、健康权受到侵害或者处于其他危难情形的，负有法定救助义务的组织或者个人应当及时施救"。这其实一方面可能说是一项法定救助义务，另一方面同时也是我们所弘扬的一种社会美德。所以，这样的条文其实我们也能感受到它背后所涵盖的一些社会主义核心价值观，一些我们社会所倡导的基本的和谐理念，这个也是我们立法能够体现出来的一个非常重要的方面。作为行为规范，大家如果按照这样的一个导向去做，对形成一个和谐社会本身也是不可或缺的。

接下来是第三章"姓名权和名称权"。分开两个，一个叫姓名权，主要指的是自然人；另外一个叫名称权，主要指的是自然人以外的组织体，法人、非法人组织这些。因为时间关系，我们大概浏览一下这部分的内容，好在这部分我觉得大家可能不会陌生，这倒不是说因为大家对姓名很熟悉，当然这也是一个很重要的方面。大家都有一个名字，一说姓名，大家都觉得这个不陌生，好像一说大家都能知道。其实另外还有一方面就是说，姓名权也好，名称也好，我们早在《民法通则》当中就已经加以规定了。所以经过这么多年来的民事审判实践和民事法律制度观念的深入，大家对这个概念应该说都已经很熟悉了。不过我还是给大家念一下，第 1012 条："自然人享有姓名权，有权依法决定、使用、变更或者许可他人使用自己的姓名，但是不得违背公序良俗"。就是三个具体的权能，一个是决定，当然，人刚生下来，还不懂事，肯定没法决定自己的名字，但是长大成人了，渐渐懂事了，可能就觉得父母取的名字不好，我能不能换一个，当然可以了，没问题，这是你的决定权，你有权利决定给自己叫一个什么名字。一个是使用，在一些需要使用名字的场合，你有权决定用还是不用，变更、改名字，还有许可他人使用。关于许可，名字给不给他人用，这在上一讲当中已经提到了，就不再说了。自然人这一块就是一个姓名权。

那么非自然人的状态，我们不叫姓名权了，叫名称权，法人、非法人组织，这两类自然人以外的民事主体，他们享有的就不叫姓名权了，我们区分开来，这个叫名称权，也是一样，有权决定、使用和变更。用着用着又想换了，就变更，用着觉得这名字不好，还是不好，又换，那就换。变更，还有转让。其实法人或者非法人组织的名称的转让，要说起来，可能大家感觉上会比自然人的姓名的这种转让，要更好理解。这个企业叫个什么名称，后来打响了牌子，这个名称就很值钱，当然就可以拿来转让了。

关于姓名决定权，刚才讲到了决定权，这里面有一个规定，我觉得蛮有意思的，可以跟大家说一下。"自然人应当随父姓或者母姓，但是有下列情形之一的，可以在父姓和母姓之外选取姓氏"，这个说的是姓名决定权当中的一个很重要的内容，就是通常我们来讲，古今中外都一样，就是姓什么好像由不得自己决定。我们一般说到姓氏决定权，说这还能由着你决定吗？你爹姓什么你就该姓什么，祖祖辈辈，要不这姓有什么意思，姓就是个传承，像我姓姚，那就祖辈上就姓姚，就这么下来的，顺着这个姓你还能有历史、有文化的东西在里头，你还能往上倒，倒你们家姓姚的起源于哪里，又是从哪里来的。寻根问祖，是不是还有一些这样的东西在里面。姓不只是一个符号，它里面也承载了大量的历史的、文化的、社会的、发展的信息在里头。所以通常来讲，我们说你就别再折腾了，别再换来换去了，但是也是社会发展、人的观念的进步，实践中都已经出现这样的事情了，不姓爹的，也不姓娘的，我姓我自己，他自己姓什么，就换。比方说，父亲姓赵，母亲姓钱，我不想姓赵，也不想姓钱，我随便姓个别的什么姓，这可不可以？以前就发生过这样的案子，起个名字，就既不想跟父姓，也不想跟母姓，可不可以？以前我们碰到这个问题，还真的是挺犯愁的，后来还要立法机关去作出解释，说怎么办？法院碰到这种情况也说法律没有规定，那么这次我们就规定上了。我们说，首先自然应当随父姓或者随母姓，要么随父姓，要么随母姓，这都首先"应当"，注意这里说的话是"应当"，应当是这样，但是法律也不是绝对禁止取别的姓，我们或者叫第三姓。也不绝对禁止第三姓，但是有条件限制，我们看法律怎么规定的，有下列情形之一，你可以选取其他的姓氏：第一，选取其他直系长辈血亲的姓氏，其他直系长辈血亲，这就不跟父姓也不跟母姓，而是其他的姓，七大姑八大姨的；第二，因由法定扶养人以外的人扶养而选取扶养人的姓氏，这个人是别人带大的，别人扶养的，这个情况下我就感恩他，我要随他的姓，这个没有问题；第三，不违背公序良俗的其他正当理由，这个就比较弹性了。就法律原则上来说，这个也是一种自由，愿意取一个别的姓。我觉得这也是社会的一种开放度和活跃的问题，现在取名字有时候真的挺个性化的。比方说，像以前取名的字数，三国好像就两个字的多，曹操、刘备、关羽、张飞全俩字的，到后来就变成仨字了，仨字的居多了。像我那辈好像就叫三个字的多，叫两个字的少。后来又变成了喜欢叫两个字的了，但以前你说两个字也好、三个字也好，这么来回倒，一个历史时期就兴两个字的，一个历史时期兴三个字，你看现在好多叫四个字的了，四个字也没问题，但是干脆连姓都改了，叫得也很奇特的，特别有个性的，但这也是法律上容许的自由，只要不违背公序良俗，不要这名字一叫出来伤风败俗，听着磕碜。这是法律允许的，当然公序良俗解释的范围那就非常大了，需要在个案当中去具体判断了。

还有一款说，"少数民族自然人的姓氏可以遵从本民族的文化传统和风俗习惯"。因为我是汉族，我们可能以汉族的这种姓名的叫法，姓姚名辉，这么叫下来，可能少数民族就不是这么来叫名字了，法律当然要充分地尊重少数民族的文化传统，还有特定的风俗习惯。

这里还有一点我想提到的，一般来讲，我们除了正式的户口本上的名字之外，有时候还会取个别的名，笔名、艺名。我觉得这也是社会进步，像我小时候，老觉得一个人如果能叫笔名，那是很牛的人，他得是作家，鲁迅，姓周，叫个鲁迅，让人以为他姓鲁，不是，那叫笔名，人家真正的名字不叫鲁迅，人家姓周。感觉以前能叫个笔名，那是很厉害的人，至少也是个作家，或者叫艺名，那得是个艺术家，什么几小龄童。现在我们好像都可以叫一个自己名字以外的名字了，当然就不是说笔名和艺名了，是网名。现在大概每人都有个微信，上面都有个昵称。这个昵称就五花八门，个性张扬，叫什么的都有，我觉得这也是社会进步。现在就变成了大家都可以说自己名字之外再叫一个名字，但是在法律上就带来一个问题，你除了我们刚才讲的正式的身份证上面的、户口本上面的法定的姓名之外，这些其他的笔名、艺名、网名。企业的字号、商号，就是企业的姓名、名称这些的以及姓名和名称的简称之类的，有时候企业的名字太长了，干脆就缩短了。像我们人民大学有时候就是RUC，这就是简称。中国人民大学，汉字的简称是人大，英文简称 RUC。这也都是我们说的简称，这样的名称受不受保护？法律说了，"参照适用姓名权和名称权保护的有关规定"，也还是保护的，具体就参照适用前面所说的姓名权和名称权的相关的规定来保护。

接下来这个是肖像权。第四章法律规定的是肖像权。肖像权，我们首先看看它的具体内容，肖像大家也很熟悉了，每个人都会拍个照片，等等这些，这都是肖像。法律就规定得很清楚，"自然人享有肖像权，有权依法制作、使用、公开或者许可他人使用自己的肖像"。具体哪些内容，当法律上赋予你肖像权的时候，在法律上享有什么呢？制作，拍照还是不拍照，要不要形成自己的一个肖像。使用，在什么场合用什么照片，就像这次我来做讲座，百度也给我打个广告，那上面就有我的一个照片。这个就是使用了我的照片，这本身可不可以，用哪张，当然就是肖像权。还有公开，肖像能不能公开，能不能让人看到。这个都是，制作、使用、公开，有些照片可能当事人不希望公开，有的时候肖像我不得不用，但是我不希望公开，只是在填表的时候我填上这张照片，但是我不希望公开，需要亮明身份的时候，我出示了一下，让你看到这是照片，比对一下，但是我并不希望在别的地方被公开，这都是权利。所以这是首先我们要说的，自然人享有这样的肖像权。

这里面要注意到的是，法律规定得也还是蛮细致的，还特地给肖像下了一个定义，说到底什么叫作肖像？第 1018 条第 2 款提到："肖像是通过影像、雕塑、绘画等方式在一定载体上所反映的特定自然人可以被识别的外部形象。"这里有几层意思，一个就是当我们说肖像的时候，恐怕很多人想到的是照片，其实不限于此，而是影像。因为现在这种获取手段也比以前大大方便了，这也是科技带给我们的福利。以前说要留个肖像，好像只能上照相馆，要不就找个人画，画像，但现在不是了，现在拿个手机，可以拍个照片，也可以录段影像，这都可以，这都是肖像的范畴。雕塑也是，竖个雕塑，这当然也是肖像。当然像不像的那就另说了，如果一看都不知道是谁，那就未必能够成为肖像。当然这里面就要跟后面那句话联系起来，就是说"特定自然人可以被识别"。我们说肖像的时候，这个特征很重要，刚才前面说的是它的载体，载体其实很宽泛，可以是影像，可以是雕塑，可以是绘画。但是其实还有一个特征要注意的，就是它得可以被识别，大家一看就知道这是谁。其实根本就不是这个人，别人看了不会说，这就是姚某人，姚某人说你怎么能公开我的这个肖像？人家说，这不是你，这分明就是我，你这个时候怎么办，这时候就要看是否具备可识别度。这个时候你就要看别人，别人看了会不会认为这就是姚某人。所以，肖像一定有一个可识别度在那里，就是公众一看这个，就能跟特定的自然人的外部形象联系起来，这个才能够被叫作肖像。

肖像权也有一个合理使用的问题。涉及人格利益的时候，我们很多地方讲到了合理使用，肖像权当然也是这样。因为我相信大家也很好理解，还是回到我刚才讲的，个人的权利和社会公众以及社会公共利益之间的关系问题，一个人从某种意义上来讲，他的形象、肖像，其实不曝光是不可能的，因为你不能天天躲在阴暗的角落里，你得出来，出来一走上大街，可不就被人看到，尤其现在大街上摄像头那么多。总而言之，你可能走到哪儿，肖像就被摄取了。所以这种情况下，其实人的肖像在现实社会当中可能很容易就被他人获得，这样的话获得以后很可能就会派生出一种用途，这个时候就会出现一些问题。比方说，现在常见的，我刚才讲到的现在摄像头比较多，现在公安破案，我就经常感慨这个事，小时候看侦探电影，看这些侦查片，公安破案要开会，坐在那儿推理、分析，蛛丝马迹，我们小时候就喜欢看推理小说，可佩服那些厉害的人，凭着蛛丝马迹，最后分析出来，抓到元凶。现在我都觉得几乎没了，为什么？现在看这些破案的，很简单，调取监控录像，把录像一调取出来，立马就能锁定这个人。从哪里走来的？又往哪里去了？在哪里待着？直接扑过去，一下摁住，很方便了。这个时候，我们说这就带来一个问题，你能这么使用我的肖像吗？我们说这就是合理使用了，这是为了社会公共利益、为了社会秩序、为了安全、为了刑事侦查的需要。

再比方说，我们现在很多地方有什么人脸识别，人脸识别的前提是先要采集你这个人脸，包括我们现在疫情期间，走到很多地方是先要亮一个健康码，健康码上面就会有一个大头照，肖像就在上面了。你会发现，现在肖像利用起来会给你自己也给他人给社会公众带来很多的便利，但同时反过来说，可能也会带来一些作为肖像权权利人个体所不愿意有的东西。比方说，我这人就不希望到处存我的头像，到哪儿都能被人认出来，我走到哪儿都知道我在哪儿，就觉得这样不好。所以这里面就有一个度的问题，我又在说这个"度"了，法律上我们一直是在做一个行为的界限，这个是对双方的，既是对你这个权利人，其实也是对其他的有权力的机关，其实大家都有一个规矩在里面。权利人要遵守规矩，要有权利的界限，同样地，行使权力的机关其实也一样。如果你去使用他人肖像，你也要有一个正当的目的，就是要有一个合理的使用。法律规定："合理实施下列行为的，可以不经肖像权人同意"，就是如果符合第1020条所说的"合理使用"，符合了这个范畴，可以不经同意。我刚才举的所有的这些例子，比方说，使用头像做健康码，使用人脸识别，其实这里面是不是构成侵权，有一个很重要的前提就是是不是本人同意的。我自愿把头像给你，我自愿让你录入我的头像的影像，作为以后你识别我的依据，这个前提是什么？我同意，是经过我许可的，经过我个人同意的，这个最重要。但是我们现在说的合理使用是什么？未经许可，原则上来讲，未经许可就会构成侵权。我们前面讲肖像权的时候，法律规定就是这样的，合理使用之所以合理，就是在于它可以未经许可。

这里面具体的，大家可以去翻条文，时间关系，我就不再多说了。比方说，这里面说到的，第一个，为个人学习、艺术欣赏、课堂教学或者科学研究，在必要范围内。列举了这些，个人学习、艺术欣赏等这些。比方说，有人拍了我一张肖像，获了个大奖。后来，艺术院系要上摄影课，要给学生讲什么是一张好照片，什么是一张好的摄影作品，把这张选出来了，拿去课堂上讲，这也没经过我同意，怎么把我的大脑袋、把我这个照片拿出去就用了。假如人家说我们是课堂教学，是艺术欣赏，我们讲如何摄影，您这个是拿来作为教材，尤其又是在必要范围之内，仅限在课堂上，仅限在教学当中，在必要范围内。这种都是正当目的，都是合理使用。其他例子，我就不再一一列举了。

第五章是"名誉权和荣誉权"，这个大家可能比较熟悉了，所以这个概念我就不多说了。其实，这个规则从《民法通则》以来也一直是这样的，这次的人格权编也基本上保留了原来的一些规定。这里面我就强调，我们讲名誉权侵害的时候，判断上有一个很重要的标准，就是要达到社会评价的一种贬损或者降低。也就是说，评判一个名誉权有没有受到侵害的标准，是社会评价。第 1024 条："民事主体享有名誉权。任何组织或者个人不得以侮辱、诽谤等方式侵害他人的名誉权。名誉是对民事主体的品德、声望、才能、信用等的社会评价。"

这段话告诉我们两个东西，第一，侵害名誉权，一个人的名誉权被侵害的具体表现方式是什么？行为的样态是什么呢？侮辱、诽谤。当然，具体来说，侮辱和诽谤还有不同。侮辱，顾名思义，就是对他人的人格尊严、人格利益的直接损害，就是用一种不好的语言，用社会公众会觉得有损尊严、有损形象的这样一种语言或者行为，这时候我们把这个叫作侮辱。诽谤和侮辱不一样。一般来讲，诽谤指的是无中生有，是这事根本就没有，完全就是捏造一个事情，人家没干这个事，凭空捏造说这人干了这事，这不叫侮辱，这叫诽谤。所以，这首先是一个行为样态上的不同，法律上分为侮辱和诽谤，当然还有一个"等"了，还有其他的，主要就是一个叫侮辱，一个叫诽谤，侮辱和诽谤在表现样态上还略有区别。

第二，后果，造没造成法律上所说的对名誉权的侵害，我们要看社会评价。社会评价有没有遭到贬损，简单来说就是社会评价有没有降低。如果大家说没觉得什么，就哈哈一笑，没有降低，或者说既然叫社会评价，那就是得让他人知道。我举个夸张的例子，如果两个人关起门来就在一个屋子里面，这个人就骂那个人，骂得狗血淋头，构不构成名誉权的侵害？不构成，当然它可能构成其他的侵害，因为它还是损害了另外一个人的人格利益，会造成那人的痛苦，可能构成对其他的人格利益的侵害。但是要说构成名誉权的侵害，恐怕不行，因为两个人关在屋里，没有公之于众，不是社会评价，别人不知道，两人干完一仗出来以后，他骂得你再狠，别人不知道，别人对他原来的看法不会因此改变，别人没听到他说你的那些东西。这个时候社会评价就没有降低，这个时候也就没有侵害名誉权，所以这里面强调它是一个社会评价，得为他人所知道。然后这种知道得到一个什么程度，就是得从此改变对这个人的一个看法、一个评价，而且这种看法、这种评价可能情理上来讲是一种负面的。那么，这个时候我们就会说这是名誉权的侵害了，这是关于名誉权侵害。

那么，名誉权的侵害也有一些限制。我们人格权编里面，始终是在强调这种东西，这里面也是说名誉权也有一些限制。还是这样一个道理，就和刚才讲的肖像权、姓名权等都是一个道理，就是公共利益。因为，我一直在说人格利益都是个体的权利、一己的利益和社会公众的利益的冲突，人生活在社会当中，一定会有这样的冲突情形在，那么名誉权也不例外。《民法典》第1025条规定："行为人为公共利益实施新闻报道、舆论监督等行为，影响他人名誉的，不承担民事责任"。这个还是有点像我们前面讲的合理使用，当然这个名誉不能说使用了，大概是这个意思。就是说，即使我揭露你这样一个行为，你在社会公共场合做了一件为人所不齿的事情，为了社会公共利益的需要，给你报道出来，给你曝光，这时候肯定会影响名誉。别人肯定说，这个人人模狗样之类的。肯定一些说法就来了：一看好像正人君子的，没想到是这样……社会评价肯定就会降低了。这个时候，构不构成侵害权利，其实跟前面讲的都一样，原则上来讲，这肯定不构成对名誉权的侵害，但是有下列情形的除外：第一，捏造、歪曲事实，人家明明没那么做，这是捏造的，就算打着所谓报道，打着所谓监督的旗号，也仍然构成侵权；第二，还有一个非常重要，对他人提供的严重失实内容未尽到合理核实的义务。我们上一讲已经讲到过，这里就不多说了。这是关于名誉权和荣誉权的相关内容，时间关系我就简单说这些。

这里还要提到一个，我们这次人格权编当中增加的一个内容，就是信用。我们说这个社会是信用社会，信用是一个非常重要的人格利益，是人格利益当中非常重要的一个方面。但是这也是一个法学逐渐发展的过程，在以前我们没有把信用直接规定出来，比方说《民法通则》里面就没有，人格权编顺应形势的发展把它加进来了。这里面我们就明确规定了，"民事主体可以依法查询自己的信用评价"，信用记录怎么样，依法可以查询；"发现信用评价不当的，有权提出异议并请求采取更正、删除等必要措施"。我们知道，现在现实社会当中信用很重要，如果信用降低的话，到银行贷款就会受到影响，信用评级不够的话，会带来很多麻烦。所以，信用在市场经济社会当中发挥着越来越重要的作用，这些都是社会进步带来的。这个当然就是一项非常重要的人格利益了。所以，当然作为一项重要人格利益，也就是我们人格权编所应加以保护的。如果信用评价不当，我明明信用非常好，从来都没有做过老赖的事情，你怎么给我信用评价降得这么低，弄得我很多交往都不方便。如果出现这种情形，对于信用你就享有法律上的权利，有权提出异议，请求采取更正、删除等必要措施。如果经过核查，确实属实的，信用评价人就应当及时采取必要的措施。比方说，更正过来，恢复到正常状态，或者删除掉，等等。

最后一章是"隐私和个人信息保护"，在上一讲当中，已经讲得比较多了，在这一讲当中就不再多说了，大家如果有兴趣，也可以结合我上一讲所说的内容，在讲座之后具体去看相关的条文。

今天的这一讲，我们就简单地给大家介绍到这里，感谢大家收看本次直播。谢谢大家！

# 第十讲

# 高利贷被明文禁止，除此之外老百姓还应了解这些

## 石佳友

中国人民大学法学院教授、博士生导师
中国人民大学民商事法律科学研究中心执行主任

欢迎大家收看由司法部普法与依法治理局、中国人民大学法学院、百度 APP 联合出品的《民法典开讲》系列公益公开课。我是中国人民大学法学院石佳友。今天我报告的题目是典型合同与准合同，也是接续上一次的关于合同编的讲座。

首先，关于合同编的典型合同部分，我们要接触的就是最重要的合同类型，买卖合同。民法典在买卖合同部分，对于 1999 年合同法仍然有一些非常重要的修订和改进。这里面一个重大的改进，就是《民法典》第 597 条关于无权处分合同的效力。第597 条规定："因出卖人未取得处分权致使标的物所有权不能转移的，买受人可以解除合同并请求出卖人承担违约责任。法律、行政法规禁止或者限制转让的标的物，依照其规定。"这一条就修改了 1999 年《合同法》第 51 条关于无权处分合同效力待定的规定。按照民法典的新规定，就是说在无权处分情况下订立的买卖合同，合同本身是有效的。至于第三人能否取得所有权，要视第三人是否符合善意取得的制度的规定来确定。如果确定第三人不能取得所有权的，这个时候卖方也就是出卖人要对第三人承担违约责任。另外，卖方无权处分他人财产的行为显然构成了违法，所以应该对所有权人承担法律责任，这个责任有可能是合同责任，也可能是侵权责任，根据出卖人和所有权人之间的关系而定。

　　另一个重大的问题是风险负担，因为我们在买卖的过程中经常发生这种标的物在交付前意外毁损灭失的情况。《民法典》第604条规定，标的物毁损、灭失的风险，如果发生在交付之前，这个是要由出卖人承担的；如果是交付之后发生意外毁损、灭失的，这个风险就转归了买受人，由买方承担。当然，后面有一个除外条款，法律另有规定或者当事人另有约定的除外。

　　另外，如果是买方的原因致使履行迟延的发生，《民法典》第605条规定，这种情况下因买受人的原因，致使标的物未按照合同约定的期限交付的，买受人应当自违反约定时起承担标的物毁损、灭失的风险。

　　另一个重要的问题是瑕疵担保，这也是我们在实践中经常遇到的问题。你花钱买了一个东西，最后发现这个东西有问题，或者这个东西是属于别人的，别人会找我来追夺，或者是买了这个东西之后，在使用过程中发现这个东西有隐蔽性的瑕疵。对此，《民法典》第612条也作出了规定，该条讲到了权利瑕疵担保，根据这条规定，"出卖人就交付的标的物，负有保证第三人对该标的物不享有任何权利的义务，但是法律另有规定的除外"。这里面是指，当我花钱从卖方手上买一个东西的时候，卖方就要保证我不会受到任何第三人的追夺，这就是我们讲的权利瑕疵担保。

　　另外，《民法典》第613条还规定，出卖人在一些情况下，这种权利瑕疵担保义务可以免除，那就是说买受人订立合同的时候，知道或者应当知道可能第三人对买卖的标的物享有权利的，这个时候出卖人不承担前条规定的义务。比如说，假设你在购买一个二手房的过程中，你很清楚标的物本身是属于第三方的，这种情况下，就推定双方对权利瑕疵担保有另外的约定，买受人不能向相对人主张权利瑕疵担保。

另外，关于买方的检验义务。我们在收到货物之后，第一，如果我们没有及时地去验货；第二，如果发现了货物有瑕疵又没有及时地提出异议。这种情况下，可能我们要对自己的一些失误行为承担法律责任。这就涉及《民法典》第620条。第620条规定："买受人收到标的物时应当在约定的检验期限内检验。没有约定检验期限的，应当及时检验。"这里面的检验实际上讲的就是一个验货，通俗地讲，你要有一个验货的义务。另外，买受人应当在约定的检验期内，将数量或者质量不符合约定的这种情况，及时地通知出卖人。如果怠于通知的，这种情况下，视为标的物的数量或者质量符合约定。这就是通知义务，所以实际上说这里边有两个义务，第一个是及时地检验货物的义务，第二个是发现不符合，不管是数量还是质量，要及时地通知卖方。

另外，民法典在合同编部分对于1999年合同法，还有一些非常重要的、非常富有时代特色的修改。比如说，出卖人的回收义务，《民法典》第625条规定，"依照法律、行政法规的规定或者按照当事人的约定，标的物在有效使用年限届满后应予回收的，出卖人负有自行或者委托第三人对标的物予以回收的义务"。这显然就是为了贯彻民法典的总则部分的第9条"绿色原则"。我们知道这个绿色原则，是中国民法典的一个独创。迄今为止，好像没有看到外国的民法典有直接规定环境保护这样的基本原则。中国的民法首先是在我们2017年《民法总则》里边率先规定了绿色原则，随后《民法总则》也被纳入《民法典》，成为《民法典》的总则部分。与《民法总则》的绿色原则相对应，合同编也体现了绿色原则所要求的节约资源、保护环境的要求，这就是第 625 条。在买卖合同中，当然这是对一些特定的物品，因为如果你不及时回收，那么它可能就会污染环境甚至造成生态破坏。比如说，一些设备、电动汽车的电池经过长时间的使用之后，可能就有其他的危害显现出来了。在这种情况下，卖方应该，或者是按照法律的相关规定，或者是按照合同的约定，履行回收义务。

另外，通常有些标的物在交付之后还能产生孳息，这种情况下，就有一个孳息归属的问题。比如说，你购买一头奶牛，奶牛如果在你购买之后，产下了小奶牛，这个时候小牛归属于谁？在实践中就经常有这样的争议，那么这里边《民法典》第 630 条规定，标的物在交付之前产生的孳息归出卖人所有，比如，你约定好买奶牛，如果是在交付之前，奶牛产的小牛就属于出卖人，如果是交付之后，奶牛生产小牛，小牛就要由买受人所有。当然，当事人另有约定的除外。

另外，买卖合同部分还规定了分期付款买卖，作为特种买卖的形式，因为这种情况也是生活中常见的。对于分期付款买卖，民法典对于一些重要的规则是做出了规定的，第 634 条规定，分期付款买卖的买受人，如果未支付到期价款的数额达到了全部价款的 1/5，经催告后在合理期限内仍未支付到期价款的，出卖人可以请求买受人支付全部价款或者解除合同。另外，如果出卖人解除合同的，可以向买受人请求支付标的物的使用费，因为你在占有标的物期间已经实际占有使用了，所以这种情况下，你应该把相应的使用费支付给出卖人。

另外，试用买卖也是生活中常见的情况，比如我们看电视广告，很多的电视台都有推销试用买卖，比如说饮水机，先让你免费使用，使用两周之后你再决定是否购买。由于先是一段时期免费的试用，那么这个是我们讲的试用买卖。《民法典》第 638 条对于试用买卖也进行了规定，试用买卖的买受人在试用期内可以购买标的物，也可以拒绝购买。既然是试用，如果满意我就买，不满意到期我就拒绝，这是非常正常的。但是，试用期届满，如果买受人对于是否购买标的物未作表示的，就视为购买。这是一个很特殊的规则。我们知道，在法律上通常来说，沉默是意味着拒绝，但是在试用买卖的情况下，那个东西已经在你的手上，你已经使用了，比如说两周，如果你这个时候未置可否，这种时候在这种特定的语境下，沉默可能就意味着同意了，所以这是法律例外规定。在例外的情况下，沉默可以视为同意购买。

另外，如果在试用期内已经支付部分价款，或者对于标的物实施了一些特定的处分行为，比如说，你把试用商品给出卖了，你把它给出租了，你设立担保了，这些行为都视为同意购买。因为这个东西本来不是你的，现在你把人家的东西要么卖了、要么出租了、要么抵押了，这种处分标的物的情况就视为你同意把这个东西买下来。另外，如果对于试用期内是收费还是免费约定不明的，民法典规定，这个时候使用费约定不明的，视为免费。这个时候，出卖人是没有权利要求用户、要求试用者交使用费的。

另外，试用期内如果标的物发生意外的毁损、灭失，这个跟前边讲的交付移转风险规则又不一样。我们前面讲到，一般的买卖的情况下交付就移转风险的规则，这个时候一旦交付之后，标的物意外毁损、灭失，就要由实际占有人、买受人来承担。但是，试用买卖的情况非常特殊，因为是在试用期，这个时候所有权没有转移，这时候试用和占有标的物的目的是为了让占有人来购买。这种情况下，如果在试用期内不是由于试用人本身的过失，发生了意外的毁损、灭失，这个风险是要由出卖人来承担的。所以，这个对前面讲的交付移转风险的规则是一个例外，这个一定要注意。

另外，我们实践中还有所有权保留，就是说，你将一个商品出卖之后，由于对方可能一时难以支付价款，你把标的物转让给他，然后你约定说，在他支付完全部价款之前，标的物的所有权归你，这就是我们讲的所有权保留。所有权保留在民法典中也有一些非常重要的规定。比如，第641条第2款，"出卖人对标的物保留的所有权，未经登记，不得对抗善意第三人"。这就跟动产担保的规则保持了一致。所以通过这个规定，民法典在合同编关于所有权保留部分的规定，也实际上将所有权保留变成了一项非典型担保。虽然所有权保留是规定在合同编里面，它没有纳入物权编部分，但我们称之为物权编之外的非典型担保。

另外，所有权保留有一些特殊规定，如果买方未能按约定支付价款或实施了其他危害行为，卖方可以取回标的物。如果买方随后支付了全部价金，可以把标的物回赎，就取得完全的所有权；如果他没有回赎，出卖人可以进行清算，卖方由于依然保留标的物所有权，这种情况下可以把标的物以合理价格卖给第三方进行变现。如果卖给第三方之后，这个价金有多余，余额要退给买受人；反过来，如果出卖价金仍然不够偿还全部价金的，这种情况下是要由买受人来补足的，多退少补。所以，所有权保留被民法典改造为一种担保。出卖人的身份是债权人，他有清算义务，而买受人由于未偿付全部价款，相当于担保关系中的债务人；买卖合同的标的物就是担保品。

另外，关于赠与合同，一个非常有趣的问题是，我们知道近年来那么多的网络直播平台，都有关于打赏问题的纠纷。经常在实践中的争论就是说，比如网络主播的一些表演，或者聊天、陪伴等其他的行为，对于用户来说，他感到高兴。这种情况下，用户出于愉悦，会刷一些礼物，什么火箭、汽车、城堡、鲜花等，当然这都是虚拟财产。他花钱买过来了，然后将这些虚拟财产赠送给主播。实践中后来引发的问题就是，这是不是赠与，因为我们知道赠与是无偿的，如果从合同角度来看待的话，不能笼统、一概地说是或者不是，这是非常复杂的问题。我们讲，这种网络直播平台上，消费者对主播的打赏行为是否构成赠与，要根据具体的场景去判断。如果主播确实是因为她的表现，因为她的特殊才艺，比如，唱歌、跳舞、讲笑话，直播的表演，如果是因为这样一些才艺表演，获得了消费者的认可，这种情况下它构成一种劳务消费，这个是有偿的，就不是无偿赠与。所以这是一个非常复杂的问题，不能够笼统地认为它是或者不是赠与。我们说要结合具体的场景，结合实际发生的情况的很多具体要素去作出判断。

另外，赠与经常发生的情况是，你先作出赠与承诺之后，在履行过程中，后来自己经济发生严重的困境，甚至破产，这个时候你实际上履行不了了。所以这个时候，赠与有一个著名的例外制度叫作"穷困抗辩"。《民法典》第 666 条就规定了这样的情形，"赠与人的经济状况显著恶化，严重影响其生产经营或者家庭生活的，可以不再履行赠与义务"。所以这个我们称为"穷困抗辩"，显然这是为了保障赠与人本身的基本生存，这个是非常有道理的。

另外，关于借款合同，民法典在总结过去的立法以及司法解释，还有一些非常重要的司法判例的基础上，也发展出了一些重要的规则。比如说，利息不准预扣，《民法典》第670条就明确规定，"借款的利息不得预先在本金中扣除。利息预先在本金中扣除的，应当按照实际借款数额返还借款并计算利息"。这就是针对实践中的"砍头息"。我们知道，这个实践中所谓的"砍头息"，往往很多的高利贷放贷者预先就将一部分利息从中收走，然后只把剩下的部分返还给借款人，这是非常不公平的，所以民法典对此是明确予以禁止的。

另外，实践中大量发生的情况是提前还贷。比如说你贷款购房，无论是使用公积金贷款还是使用商业贷款，比如说你贷款期是20年，你偿还了10年之后，如果你的经济条件好转，有能力提前把所有的欠款偿还清楚，法律显然也是允许的。这种情况下，《民法典》第677条规定，"借款人提前返还借款的，除当事人另有约定外，应当按照实际借款的期间计算利息"。那就是说，因为你提前还款了，在剩下你没有使用贷款的期限内，银行当然不能再收你利息了。

不过，另外一个复杂的问题在于，就是说很多的银行在这种长期的贷款合同里边，往往约定了提前还贷有罚息，这个是比较复杂的问题。对于罚息的情况，也很难笼统地说是合法还是非法，还是要结合具体的情况来看。可能在一般情况下，如果罚息约定的幅度不高，并不过分，这种情况下，这种约定是有效的。那么，这种情况下，你如果违背了合同约定的期限，你提前还贷可能是要支付一定数额的罚息的。反过来，如果罚息的约定过高，违反了公平原则，这种情况下是可以请求法院来调低的。

另外，高利贷是近年来民间借贷中兴起的一个非常重要的现象和一个广受瞩目的"副产品"。民法典对于高利贷问题也是作出了明确规定的。关于民间借贷的问题，第 679 条规定："自然人之间的借款合同，自贷款人提供借款时成立"。那就是说，你得实际把这个钱给到人家借款人手上，这个时候合同才能成立，因此民间借贷合同具有实践合同的属性。因为实践中发生很多情况，比如口头许诺，但是钱并没有到位，随后还要求对方承担支付利息的责任这样的情况。所以法律明确规定，是实际提供借款的时候，合同才成立。

另外，第 680 条明确规定，"禁止高利放贷，借款的利率不得违反国家有关规定。借款合同对支付利息没有约定的，视为没有利息"。实践中，怎么判断高利贷？那就是根据 2015 年《最高人民法院关于审理民间借贷案件适用法律若干问题的规定》，司法解释规定的界限不超过 36%。现在我们认定如果你的年利率超过 36%，那就是月利率 3%，这个就叫高利贷。

另外，还值得注意的是，近年来有关的国家司法机关出台了一系列重要的司法解释，比如说，根据"两高"的司法解释，高利贷还可能引发严厉的刑事责任，如这里所列举的，两年内向不特定的人，那就是说，两年内向一般的人而不是向同一个人，两年内向多人发放的贷款 10 次以上，而且都是超过了年利率 36%的，符合这个情况之一，是要承担刑事责任的。另外，同样根据我们的司法解释，高利放贷行为还有可能触犯刑法，构成刑法上的非法经营罪。

关于保证合同，民法典明确规定，在一些情况下，一些主体是不能担当保证人的。第 683 条第 1 款说，"机关法人不得为保证人，但是经国务院批准为使用外国政府或者国际经济组织贷款进行转贷的除外"。这是经过特殊批准的特殊情形。另外，《民法典》第 683 条第 2 款同时明确规定，"以公益为目的的非营利法人、非法人组织不得为保证人"。显然这是为了维护公共利益，也是为了维护这些以公共利益为目的的组织能够正常地运转，不至于因为最后遭到追索承担保证责任而不能运转。

另外，关于保证合同还有一个很重要的改进，就是民法典对于担保法的一个重要改进，就是一般保证推定。过去我们的担保法规定，如果保证方式约定不明的，从保护债权人角度出发，我们将它推定为连带保证。这一次民法典做了重大修改，现在是说，如果对于保证的方式约定不明的，推定为一般保证，按照一般保证承担责任。显然，民法典的规定明显有利于保证人，过去担保法的规定是有利于债权人。民法典这种规定是为什么？是因为这个保证，我们知道，通常是一种无偿的行为，往往是基于友谊关系、亲情关系，保证人为了主债务人提供担保，这种情况下尽量不要让他承担过重的责任。所以，民法典的这个修订是非常积极的变化。

另外，关于租赁合同，租赁合同实践中也大量存在。比如说，我们大学生刚毕业找工作，在工作之后的相当长的时间内，可能还只能采取租房的方式，因为我们知道房价非常高，所以房屋租赁是我们首先就要接触的这样一种非常重要的合同形态。在房屋租赁过程中，经常发生争议的，发生纠纷扯皮的，往往就是维修义务。法律本身确实规定说，出租人应当履行租赁物的维修义务，当然当事人另有约定的除外。但实践中，比如说，你租一个带家具的房子，如果房屋本身发生损害的情况一般没有争议，我们知道这是房东的事，比如说，房屋的主体结构、窗户、门、墙体，还有包括门锁这些发生的损坏，这个时候房东应该负责更换。但是如果是家具，比如说冰箱坏了，比如说厨房设备坏了、马桶坏了，这种情况下，到底是谁来维修？有的时候，房东和房客各执一词。这个确实争执不下，甚至还包括一个灯管坏了，吊灯、床头落地灯坏了，这个房客要求找房东，房东说这是易耗品，你自己负担。所以这种争议非常多，我们也接触过很多这样的争议。

那么，法律的原则是什么呢？通常在很多住房合同的标准模板里边是有相关规定的。首先，很明确，如果合同约定了，必须按合同来，合同有约定的，按照双方当事人的约定。这个没办法，如果你当时签了这个协议，那么你是要承认协议的效力的，毕竟大家都是完全民事行为能力人。真正麻烦的问题在于，如果说合同没有约定，这个时候按照法律的一般原则怎么处理。关于法律的原则，我注意到原建设部 1995 年曾颁布过一个规章《城市房屋租赁管理办法》，当然尽管这个规章本身不再有效，但是规章的精神可以参考。规章说，出租住宅用房的自然损坏或者合同约定由出租人修缮的，出租人负责修复。如果合同约定的是出租人修缮的，那么出租人负责修复，不及时修复致房屋发生结构性破坏的，造成承租人财产损失或人身伤害的，承担赔偿责任。这里面还是很明确，如果合同约定是出租人义务的，是出租人负担，如果没有约定的情况下，这里面要根据情况，如果确实它本身并不属于房屋租赁内容的情况下，也可能会要求由承租人承担适当费用，这种情况也有。

　　比如说，非常简单的这种易耗的小灯泡，如果没有约定的情况下，通常有的人认为我的租金里面包含了这些易耗品的损耗，如果是有这样的约定没有问题，如果没有这样的约定，可能就需要双方协商。所以我的观点还是说，没有约定的情况下，要通过协商，然后要根据法律的精神去处理。

　　关于买卖不破租赁，这也是过去的原则，在这个原则之下，民法典做了非常重要的改进，现在我们强调，要在实际占有期间才能发生这种买卖不破租赁的对抗力。过去1999年合同法没有明确说是占有期间，现在就说，你是实际占有使用的承租人，这个时候你能发生对抗新的买受人的效果，防止这一规则被滥用。

　　另外，《民法典·合同编》为了保护承租人，也规定了一个重要的新的权利，我们叫优先承租权。第734条第2款，"租赁期限届满，房屋承租人享有以同等条件优先承租的权利"，这就非常有利于承租人，有利于房客。

　　承揽合同也是实践中非常多的。最典型的，比如说，你买了一套非常好的布料，然后把布料送到裁缝那里，让裁缝给你量身定做，剪裁一套高档的定制的西装，这就是一个典型的承揽合同。承揽合同，包括很多加工、定作、修理、复制、测试、检验。另外，承揽合同有一个非常特殊的制度，就叫定作人的任意解除权。这就是说，定作人在承揽人完成工作之前，可以随时解除合同，就是说我可以不要了。就像刚才举的例子，比如说我买了一套布料，我把布料送到裁缝处，让他来给我定作西服，在他完成之前，我后来想想，觉得我不想要了。这个没问题，你可以解除合同，但是造成承揽人损失的，要赔偿损失，比如说承揽人已经给你进行了加工，他已经为你付出了工期、劳务，这个是要赔偿损失的。

另外，关于运输合同，这也是社会关注度非常高的。我们知道，特别是这两年，由于高铁的飞速发展，高铁现在成为我们普通老百姓生活中非常重要的一部分，我们出差旅行都大量地使用高铁。但是随着高铁的普及，一些运输乘坐过程中乘客的不文明现象，随之就出现了，而且不是个别现象。在这样的情况下，立法机关及时作出了回应，对于一些不文明的乘客的行为，法律进行了规范。

这个里边很重要的是，第一，一方面我们讲，从事公共运输的承运人不得拒绝旅客、托运人通常、合理的运输要求。这就是说，你不能拒绝合理的运输要求，这里边说的合理的运输要求，比如说，如果他有携带行李，如果是残疾人，他出行需要携带残疾人乘坐的专用的车、轮椅，这种轮椅是显然合理的行李，你不能拒绝承担。当然，话说回来，如果确实运输工具很特殊，你的条件不允许你接受这样的附属设备，你可以提出来。但是通常情况下，比如说高铁或者飞机，你不能拒绝他的这种运输要求。

另外，这个里面很重要的就是禁止"霸座"。第 815 条："旅客应当按照有效客票记载的时间、班次和座位号乘坐"。这就可以针对我们讲的"霸座"，比如说，如果我花了钱买了一个二等座的票，但是我就想在商务舱里面，我一看商务舱一个人都没有，我觉得你空着也是空着，在有空的情况下我去蹭座。按法律规定这就不行，因为你付的费用是二等座的费用，但你最后享受的是商务舱的服务，你就相当于构成不当得利，因为你享受了本来不应该享受的服务。这就是属于"霸座"。或者你本来是一个靠走道的位置，然后你喜欢靠窗，但是实际上靠窗的座位已经有别的乘客，其他的乘客拿他的票过来，要求你让座，你拒绝让，这也是我们讲的"霸座"，这是不行的。民法典明确规定，你必须按照有效客票记载的时间，比如你几点的、哪一天的、哪一个班次的以及哪个位置上即座位号，这就是我们讲的打击"霸座"的行为。

另外，无票乘坐、超程乘坐、越级乘坐，或者持不符合减价优待的这些客票乘坐的，应该补交票款。这种情况也很多，比如说在春运的过程中，也发生了很多这种情况，你本来是到头一站的，可能是因为春运期间购票很紧张，你没有买到到下一站的票，你只买了到上一站的票，但是你到了上一站之后，你又不下车，但实际上你那个位置的后边行程已经被其他的乘客买走了，但你拒绝下车甚至让座，越站乘坐。这就是违法的，现在民法典也明确规定了，所以这是民法典的非常重要的回应。

另外，抢夺方向盘，这也是这两年公路运输中出现的非常危险的一些苗头。当然这种情况很少，但是它一旦发生就危害极大。尽管是个别的孤立的现象，但引起了极高的社会关注度，在这样的情况下，立法机关及时地作出了回应。对这种抢夺方向盘的危害公共安全的行为作出了规范，这就是我们的第819条，"旅客对承运人为安全运输所作的合理安排应当积极协助和配合"。这主要是说，他要服从运输安全方面的管理和安排。

另外，第820条规定，"承运人应当按照有效客票记载的时间、班次和座位号运输旅客。承运人迟延运输或者有其他不能正常运输情形的，应当及时告知和提醒旅客，采取必要的安置措施，并根据旅客的要求安排改乘其他班次或者退票；由此造成旅客损失的，承运人应当承担赔偿责任，但是不可归责于承运人的除外"。比如说，我们出差，实际上经常会遇到航班晚点、航班延误，或者是航班班次改期，如果确实是不可抗力，基于天气原因，基于空中运输管制，以及其他的原因，构成不可抗力，这个时候承运人航空公司是没有责任的。反过来，如果是由于自己的班次的调度的原因，由于自己没有及时做好运力的协调和安排的原因，这种情况下，按照法律的规定，要有安置措施，比如说如果你的航班头天没了，这个时候由于你的原因延误，你就应该及时安排酒店住宿，并且要安排餐饮，另外要及时给乘客安排改签或者退票等其他服务。

另外，民法典对于承运人还设置了一些其他的重要义务。比如，救助义务，在乘坐交通工具的过程中，发生各种意外或者是各种紧急的事件，怎么办？民法典规定，在承运过程中，尽力救助患有疾病、分娩、遇险的乘客。我们经常看到这种报道，一个航班起飞之后，有一个旅客突发疾病、昏迷不醒，这个时候往往为了救助人命，航空公司机长紧急决定临时降落在某一个事前没有在计划之内的停靠点，这都是基于人道主义的救助原因，这显然是美德和善举，体现了对生命的尊重，是非常值得提倡的善行，法律应该予以鼓励。

另外，如果说在运输过程中旅客发生意外的人身伤亡，这个怎么处理？实践中也有这种争议，比如说，一个旅客，特别是个别的老年旅客在长途的旅行过程中非常疲惫，最后可能也是由于自己身体本身不是太好，再加上在封闭的航班的这种空间里边，这个条件本身也不是非常舒适。最后再加上长途旅途的劳累，最后意外身故这种情况也有。随后也有发生过死者家属起诉航空公司的情况，怎么处理？新闻媒体也报道过这样的案例。这个法律规定很明确，如果是旅客自身的健康原因造成的，或者是旅客自己故意或者重大过失，比如说明显你患了某种疾病，医生肯定提醒过你不适合乘坐飞机，因为飞机起飞、降落，涉及气压的变化，包括对人体耳膜都会带来一些重要的变化，有些患者是显然不适合乘坐飞机的。在这种情况下，医生对你进行了提醒，你还要坚持去旅行，这个时候航空公司就不一定承担责任了，这是法律本身有非常明确规定的。

另外，在货物运输的过程中，发生货物意外灭失的情况。这就是《民法典》第 835 条所规定的，第 835 条在我们刚刚结束的两会期间，还引起了一些争议，个别的代表也提出了自己的意见。此前我们的草案里边只有第一句话，这个草案本身也是基于 1999 年的合同法。由于我们代表的提议，最后加了后面一句话，"法律另有规定的，依照其规定"。简单地讲，如果在货物运输的过程中，由于意外原因导致货物灭失了，运费该不该收？原来的合同法规定，如果是意外的原因，货物没了，显然这不是承运人的过失，这种情况下承运人由于已经提供了运输服务，但是人家毕竟没有拿到货，没有拿到货就是说我把东西交给你，然后叫你从一个地方运到另一个地方，最后这个货物没了，这个时候要不要交运费。所以我们原来的规定是说，如果没有收取运费的，对不起，由于东西没了，你不能再找我要；如果我已经给你预交运费的，这个时候你应该返还给我，因为我把东西交给你，这个东西没了，尽管不是你的原因。这样的规定确实也有道理，这个道理在于，我们通常把运输合同称为一种结果义务，就是说以达到特定的结果作为获取报酬的条件，标的物毕竟是此前处于承运人的占有之下。那么托运人把东西交给承运人，虽然不是由于承运人的原因导致灭失，但是标的物最终还是没有运到目的地，所以承运人是不能请求报酬的，这就是我们前半句的一个道理所在，其原理类似于交付移转风险原则。但是我们的人大代表提出来，在一些国际的货物运输里边，确实情况比较特殊。所以，法律考虑到，比如说海商法等一些特别法里面规定有一些特殊情况。所以，法律后面就更严谨，民法典加了一句，就是"法律另有规定的，依照其规定"。

另外，保管合同里边，保管人如果保管不善，最后造成被保管的物品毁损灭失的，怎么办？民法典规定，保管不善造成毁损、灭失的，保管人承担责任。但如果是无偿的保管人，比如说你到饭店吃饭，你把贵重物品放在前台，饭店在这种情况下，可能就主要是提供餐饮服务，保管是我的一个附属的免费的给顾客的一个服务。这种情况下，如果东西丢了，这个时候要看这个饭店是否有故意或重大过失，如果它有过错，而且不是一般的过错，有故意或重大过失的。比如说对于私人价值较大的物品，没有安排人在那看管，或者没有放到锁闭的行李间，最后东西被人顺走了，这时候就有责任。反过来，如果是一般的过失，作为无偿保管人，尽到了合理的注意义务，东西还是被偷了，这时候是不承担责任的。另外，如果寄存的人在有偿保管情况下，没有支付保管费，这个时候保管人是可以留置物品的。

另外，关于中介合同，非常有趣的现象就是"跳单"。我们实践中非常多，双方在中介的撮合下见面，不管是房屋租赁还是房屋买卖，因为我们实践中如果是租房的情况下，你得交一个月租金的中介费，如果是买房的情况下，最后要交根据房屋价值的百分点，有的地方是 3 个点，有的更高，还有 5 个点的，总之，中介费是一笔不菲的费用。所以，最后合同双方谈得都很融洽，那他们都觉得没有必要给中介交这笔钱，绕过中介，双方私下成交了。比如租赁合同，房东跟房客私下就签订了租赁合同，把中介一脚踢开了；房屋买卖合同，买方跟卖方私自就到房产交易机构办理了过户手续，这个时候就把中介踢开了。这就给其中一方省掉了中介费，但是这个对中介也是不公平的。为什么？因为中介确实提供了居间服务，那就是说房源的信息，包括带你看房，中介是劳动，付出了相应的劳务，所以是有权取得报酬的。这种跳单行为是不诚信的，因为如果没有中介你俩就根本不会认识。所以，民法典对于这种跳单行为也作出了规定，这个规定就是我们的第965条，"委托人在接受中介人的服务后，利用中介人提供的交易机会或者媒介服务，绕开中介人直接订立合同的，应当向中介人支付报酬"。所以，这里就对跳单行为有个严格界定，就是说你确实是利用人家中介的信息或者服务，最后你才能成交。当然话说回来，如果你没有利用中介的信息，你也没有利用中介的劳务，你主要是靠自己的信息或劳务促成合同订立的，这种情况你绕开中介当然不违法。所以，法律本身对于跳单行为有一个严格的界定。

关于无因管理和不当得利，这就是我们民法典在典型合同之后，规定的第三个分编，就是合同编的第三分编，我们称之为准合同。准合同这个概念本身是来自比较法，实际上从罗马法时期就有，最后在《法国民法典》里边直接加以规定。为什么叫准合同？用"准"这个词，其实是英文或者拉丁文里面的"quasi"这个词，就是说它很类似于合同，不是完全的合同。之所以我们把它放在合同编，一定跟合同是有联系的。比如说，无因管理就相当于一个没有得到授权的委托合同。比如说，不当得利指的是没有合同依据取得对方利益，这个是不当得利。不当得利跟合同的联系是什么？你就把它拟制为一个依据合同来取得利益的行为，譬如非债清偿，错误地以为自己有合同债务而对别人进行清偿，它跟合同也有关系，就相当于一个依据合同取得利益的行为。当然，这是拟制。所以，从这个角度来讲，叫准合同是这么个意思，它一定跟合同有逻辑联系，所以这也就解释了立法者为什么把这两类行为放到合同编之下，它跟合同一定有联系，否则也不会放到合同编之下。

这里的两类行为中的无因管理，《民法典》第979条规定，"管理人没有法定的或者约定的义务，为避免他人利益受损失而管理他人事务的，可以请求受益人偿还因管理事务而支出的必要费用；管理人因管理事务受到损失的，可以请求受益人给予适当补偿。管理事务不符合受益人真实意思的，管理人不享有前款规定的权利；但是，受益人的真实意思违反法律或者违背公序良俗的除外"。先从后面那句话讲起，比如你看到一个人要自杀，然后你去救助他，你救助他的过程中自己受伤了，这种情况下，这个时候是不是无因管理？有的人说，你明明知道他要自杀，为什么要去阻止他？你显然违背了他的意思，但是我们说这种情况即自杀，肯定是违背了公序良俗，因为任何法律、任何体制都不会鼓励自杀。所以这种情况下，你就不能认为这种救人的行为、紧急救助的行为是违背本人的意思的，因为这种情况下本人的意思违反了公序良俗。另外，法律本身的规定对于无因管理，还是有比较严格的限定条件的。第一，是你没有法定或者约定的义务，如果你有义务那就不叫无因，无因一定是没有原因的，就是没有法律上的原因。根据合同你没有义务，根据法律规定你也没有义务。比如说，刚才讲的救助义务，我们的一些特别法，比如说《医师法》，比如说《人民警察法》，对于医师、警察就设定了救助义务，这种情况下他们的救人义务就是法定的。如果没有这样的义务，不是负有法律义务的人群，根据合同也没有义务。第二，主要是为了受益人的利益，这里面你不能是为了自己的利益，你为了自己的利益去做某种行为，要求别人给你偿付费用，这个也违反公平原则，所以是为了受益人的利益。第三，要符合受益人的真实意思，刚才讲了真实意思，除非真实意思是违法或者违反公序良俗，一般情况下你要尊重他的真实意思。比如，人家显然不希望你去干预，他认为是自己的私生活，然后你去干预，这就构成了不当的干预，属于不法的无因管理，这种情况下你不但不能请求偿还费用，反过来要赔偿人家，因为你侵权了。

最后一类准合同是不当得利，这也是实践中大量发生的。不当得利的概念，《民法典》第985条规定，"得利人没有法律根据取得不当利益的"。第一，没有法律依据，当然这里边可能是法定或者约定，你要依据合同取得利益，这也是合法的。你要依据法律取得利益，这都是合法的。他没有这样的法律根据，所以他取得的是不当利益，不当利益就是说本来不该属于你的利益。然后，你取得利益之后，别人受到损失，所以你获利跟别人受损之间有因果关系，由于你获利了，别人受损了。这种不当得利的情况很多，也可能是我们说的合同型不当得利，也可能是所谓侵权型不当得利。合同型不当得利就像前面所提到的，没有债务但误以为自己有债务而作出清偿，对方就构成不当得利；或者原来依据合同取得了利益，但后来合同被撤销或宣告无效了，继续占有利益就没有法律依据了。侵权型不当得利，比如顺手牵羊，你把人家东西顺走了，这种情况你是发财了，利己损人了，你把人家的利益损害了，这也是不当得利。这种情况下，受损的人可以请求得利的人返还取得的利益。

但是，有三种例外情况。第一，为履行道德义务的给付；第二，债务到期之前的清偿；第三，明知无给付义务而进行的债务清偿。这三种例外情况什么意思？第一种情况，为了履行道德义务而进行了给付，比如说，男女朋友谈恋爱，后来分手了，男方可能在道义上觉得很对不起前女友，这种情况下有可能他基于道义上的这种亏欠，义务上补偿了前女友一笔钱。可是隔了一段时间他反悔了，他想要回来，他说我没有义务给你这个钱，你从我这拿这笔钱是不当得利，这个法律上是不允许的。因为这是属于履行道义上的义务，道义上的义务的这种给付，在法律上最多构成自然债务。自然债务在法律上是相对于法定债务而言的，你是道义上可以要求别人返还，在法律上你给完了是不能请求返还的。所以，这是第一种例外，为了履行道义上的给付义务。

第二，债务到期之前的清偿，这话的意思是说债务没有到期，你主动提前把钱还了，这个时候就相当于你自己主动放弃了期限的利益。所以，这种情况下你也不能要回来。

第三，明知无给付义务而进行清偿。这个时候，你明明知道不欠他的钱，你是明知他跟你之间没有这种合同关系，明明知道你也不欠他的钱，因此，不存在错误认为，你主动给他这样一笔钱。这种情况我们说是一种赠与，这种情况下，你要再主动要求对方返还，没道理。你明明知道你不欠他的钱，你还要把这笔钱给他。这个钱实际给人家了，这就构成一项赠与。根据赠与合同的原理，实际交付给对方了，事后你不能再主张撤销，要求返还。

所以，基于这些原因，不当得利规定了三项例外。每一项例外都是有它的原因和道理的，这是关于不当得利例外的情况。

我们主要的内容就是这么多。感谢大家收看本次《民法典开讲》。谢谢！

# 第十一讲

# 夫妻债务"共债共签",
# "被负债"问题不再存在

## 孙若军

中国人民大学法学院教授、博士生导师
中国婚姻家庭法学研究会常务理事

大家好，欢迎大家收看由司法部普法与依法治理局、中国人民大学法学院联合出品，百度 APP 联合制作的《民法典开讲》系列公益公开课，我是中国人民大学法学院孙若军。我今天给大家讲的内容是民法典中有关夫妻共同债务的问题，因为给我的命题是"被负债不再存在"，所以我更多是站在这个角度来谈这部法典的规定。大家知道前几年夫妻一方"被负债"的问题一直是社会热议的话题，争议很大，也引发了很多的社会问题，所以最高人民法院在 2018 年调整了司法裁判规则。现在这个司法裁判规则已经适用两年多了，总结了一些经验，我今天主要是给大家讲讲目前司法实践中已经基本达成的共识。

在开始之前，我先给大家谈一下民法典修改的内容是什么。《婚姻法》第 41 条规定，"离婚时，原为夫妻共同生活所负的债务，应当共同偿还。共同财产不足清偿的，或财产归各自所有的，由双方协议清偿；协议不成时，由人民法院判决"。婚姻法上有关夫妻共同债务的问题，是用一条规定规定了两个方面的内容：第一，什么是共同债务？第二，夫妻共同债务应当如何清偿？民法典把这条规定拆分成两条：一是《民法典》第 1064 条规定夫妻共同债务的范围，扩大了婚姻法上"为夫妻共同生活"为夫妻共同债务的内容；另一个是《民法典》第1089条，这条规定是夫妻共同债务的清偿规则，这条规则跟婚姻法上规定是一样的，没有变化。

今天我要给大家讲的内容主要是三个方面：第一，什么是夫妻共同债务？第二，夫妻共同债务应当如何清偿？第三，立法的意义是什么？以及它还存在哪些风险？

# 一、什么是夫妻共同债务？

《民法典》第1064条是一个专门规定夫妻共同债务范围的条款，该规定是："夫妻双方共同签名或者夫妻一方事后追认等共同意思表示所负的债务，以及夫妻一方在婚姻关系存续期间以个人名义为家庭日常生活需要所负的债务，属于夫妻共同债务。夫妻一方在婚姻关系存续期间以个人名义超出家庭日常生活需要所负的债务，不属于夫妻共同债务；但是，债权人能够证明该债务用于夫妻共同生活、共同生产经营或者基于夫妻双方共同意思表示的除外。"我把这个条款分解开，夫妻共同债务包括三个方面的内容：第一，夫妻双方共同签字所负的债务，就是我们俗称的共同债务要"共债共签"，共同签字或者夫妻一方事后追认等共同意思表示所负的债务是共同债务；第二，夫妻一方在婚姻关系存续期间，以个人名义为家庭日常生活需要所负的债务属于共同债务；第三，债权人能够证明该债务用于共同生活、共同生产经营，或者基于夫妻双方意思表示的债务也属于共同债务。下面关于这三方面的内容我展开讲。

1.有双方共同意思表示的债务。这个债务需要由债权人承担举证责任。举证责任主要表现在几个方面：第一，需要有夫妻双方签字的借款合同或者欠条；第二，如果只有一方签字，但是另一方通过电话、短信、微信、邮件等其他形式认可了债务的，也属于夫妻共同债务；第三，一方签字，但另一方事后追认的，为夫妻共同债务。欠债还钱是最基本的社会规范，所以只要双方签字了，一般情况下不能反悔，是有义务偿还这个债务的。但是，有可能签字一方在纠纷发生的时候，会说他受到了欺诈或者胁迫，这时法律上区分两种情况：如果是债权人对该方存在欺诈、胁迫的，受欺诈、胁迫的一方可以主张撤销，这个债务就不是共同债务；但如果是该方配偶对该方进行了欺诈、胁迫，这个债务仍然会被认定为是共同债务，这种情况我们放到第二个问题如何清偿里去解决。

2. 一方为家庭日常生活需要所负的债务。这个问题的关键是，什么是日常家庭生活需要？可以肯定的是，"日常家庭生活需要"是一个非常笼统的概念，没有明确的界定标准。一般是从两个方面进行综合判断的，一个是"家庭生活需要"。家庭生活需要主要是指衣食住行、医疗、教育、文艺活动或者各种服务等，但是还不能简单用这样一个标准界定它是否共同债务，还需要看另一个标准，就是举债的数额。数额怎么定也没有明确的标准，需要结合举债方的家庭收入、消费水平以及生活习惯等。将这两个方面综合分析，就是把举债用在哪儿了、数额是多少进行综合分析后，才能够判断是不是为家庭日常生活需要所负的债务。这里举债数额的多少很关键，为家庭日常生活需要所负的债务不应该超过家庭年收入过多。如果一次性或者分开几次借的债务，已经远远超过家庭年收入的话，就不应当认定是为家庭日常生活需要所负的债务了。

　　为家庭日常生活需要所负债务应当由谁来承担举证责任？首先要由债权人担负初始证据的举证责任。如欠条、转账记录等。应该说，民法典对夫妻共同债务的认定改变了我们日常生活中的很多交易习惯，其中就包括我们现在日常生活中如果有人管你借钱，你可能不会特别问用途，但是民法典实施以后，债权人要特别注意，你需要担负初始证据的证明责任，也就是说你需要问一下借钱干什么用，如果超出了衣食住行、医疗、教育、文艺活动或者各种服务支出的，就不属于共同债务。债务人说的是真是假不用管，但是债权人至少需要问一下用途是否在家庭日常生活需要的范围，如果不在家庭日常生活需要的范围，事后不能主张夫妻双方共同清偿。

　　在债权人完成了为家庭日常生活需要所负债务的初始证明后，如果债务人的配偶认为不应当属于夫妻共同债务的，就需要由债务人的配偶承担举证责任。通常情况下数额不大的债务，生活中都是向身边的亲朋好友借，所以实践中最常见的配偶否认举债是因为日常生活需要，主要都是从你知道我们已经分居、正准备离婚或者是你知道我们俩人的财产是分别所有的等方面进行举证。

　　除此之外，还有以下几种情形可以作为不是夫妻共同债务的考量因素：第一，债务的数额过大，明显超出了债务人家庭收入和家庭日常消费水平；第二，债权人明知或者应知债务人有赌博、吸毒等恶习的；第三，债权人明知或者应知债务人已经有大额的债务尚未清偿，还借钱给他的，等等。上述考量的因素虽然不能直接认定该债务一定是个人债务，但债权人如果坚持是家庭日常生活需要的话，法院需要要求双方作进一步的质证。

但可以肯定的是，既然是日常生活需要，就不应当包括以下几种债务：（1）借债是用来投资、对外担保的；（2）与家庭生活无关的大额消费；（3）借款没有打到夫妻双方的账户，而是打给举债方朋友或者没有法定扶养关系的亲属的。例如，债务人配偶证明，借款时债权人和债务人同时出现在股市上，就有理由怀疑举债是为了炒股，而用于投资的债务不属于家庭日常生活需要的债务。

关于举债是为大额消费的问题，多少叫"大"无法严格界定。买房子肯定不算是家庭日常生活需要，但是在实践中，因为房子是增值的，只要房子是共同共有，一般没有太大的争议，争议主要在消费与另一方无关，例如，一方借款旅游，借款数额超出了这个家庭的消费水平。再如，一方借钱买高级轿车，车是贬值的，在这种情况下举债方配偶通常主张借款不属于为家庭日常生活需要所负债务。但如果债务人的家庭收入买一辆车跟买一件衣服一样，那么也可能债务被认定为是为日常家庭生活需要。所以是否属于为家庭日常生活需要所负债务，必须根据具体案件的实际情况进行判断。

3. 债权人能够证明该债务用于夫妻共同生活、共同生产经营或者有夫妻合意。

首先，什么是为夫妻共同生活所负的债务？一般情况下是两种：为共同消费的或者为积累共同财产的。债权人举证主要从以下几个方面：第一，债务人的家庭购置了大额财产，或者有大额开支的，如果举债方夫妻不能举证资金来源的话，可以认定为夫妻共同债务。第二，一方婚前借债购置的财产已转化为夫妻共同财产的。比如说，男方为了结婚借钱买了一套房子，结婚以后把这房子给了配偶或者加了配偶的名字，这个债务就是夫妻共同债务。所以，借款不要考虑婚前还是婚后，关键是看它用在哪儿，比如说，夫妻买房子的钱是管 A 借的，等到应该还钱的时间，又去管 B 借钱还给 A，那么，对 B 而言，债务属于夫妻共同债务。第三，为了家庭成员抚养、赡养、医疗、教育所负的债务。

举债是为夫妻共同生活在实践中相对容易举证，原因是一方签字，但是数额巨大的，通常都是向近亲属借的，比如说父母子女之间、兄弟姐妹之间、祖孙之间的借款，借的时候债权人通常都知道是要干吗用，所以对债权人来讲，举证并不困难。

其次，什么是夫妻共同生产经营的债务？怎么理解夫妻"共同"生产经营，这是关键。通常意义上的解读，是债务用于夫妻双方共同从事的生产经营活动，主要是指两种情况：一是双方共同决定生产经营事项；二是一方授权另一方决定生产经营事项。这两个都属于共同生产经营。除此之外，也作为夫妻共同债务处理的情形是，虽然没有共同决定，也没有授权，但是从生产经营中受益了，比如说夫妻一方决定生产经营活动，但是生产经营的收益是家庭生活的主要来源的，那么该方为生产经营活动所负的债务也应当认定为夫妻共同债务。

关于生产活动中的债务，《民法典》第 56 条规定得非常明确："个体工商户的债务，个人经营的，以个人财产承担；家庭经营的，以家庭财产承担；无法区分的，以家庭财产承担。农村承包经营户的债务，以从事农村土地承包经营的农户财产承担；事实上由农户部分成员经营的，以该部分成员的财产承担。"

关于商业活动，因为商业活动里面的债务很复杂，可能还需要很多年的司法实践，才能探索出相对合理的裁判规则，我今天给大家讲的，主要是这两年司法实践中基本可以达成共识的处理方式。

第一，作为有限责任公司或者股份有限公司的法定代表人、控股股东的夫妻一方在婚姻关系存续期间以个人名义借款，用于公司或者为公司借债提供担保的，首先要认定债务是公司债务还是个人债务。如果认定是个人债务，债务人在借款或者担保时收取经济利益用于夫妻共同生活的，或者借款担保行为与夫妻共同生活、共同生产经营密切相关，该借款或者担保债务应当认定为夫妻共同债务。

第二，作为夫妻公司的法定代表人、控股股东的夫妻一方，在婚姻关系存续期间，以个人名义借款用于公司或者公司借债提供担保的，该借款或者担保债务应当认定为夫妻共同债务。

第三，如果是夫妻一方作为一人有限责任公司的股东，在婚姻关系存续期间，以个人名义借款用于公司或者为公司借款提供担保，如果债务人配偶参与生产经营或者从生产经营中受益的，该借款或者担保的债务应当认定为夫妻共同债务。

这里对不属于夫妻共同债务的，给大家总结一下：一是，举债期间，家庭未购置大宗财产或者没有大额开支的；二是，债务用于债务人从事赌博、吸毒等违法活动，或者债务用于债务人单方负担与夫妻共同生活、共同生产经营无关的活动，如一方未经对方同意擅自资助没有法定抚养义务的亲友所欠的债务；三是，债务人配偶对债务人的生产经营活动不知情且未从生产经营收益中受益的。

最后，什么是有夫妻合意？《民法典》第 140 条规定，"行为人可以明示或者默示作出意思表示。沉默只有在有法律规定、当事人约定或者符合当事人之间的交易习惯时，才可以视为意思表示"。

司法实践中比较常见的是两种情况。一种是，债务人借款转账接收的账户是配偶的，而且有证据证明债务人的配偶对该账户是掌握的。另一种是，债务人的配偶在债务人借款时在场，在场又没有反对，视为同意了。但债权人不能简单地证明当时债务人配偶在场，还需要证明债务人签的是共同债务，如果债务人签的是个人债务，债务人配偶在场没有反对，应当是对个人债务的认可，不应当认定为共同债务。

## 二、夫妻共同债务应当如何清偿？

在夫妻共同债务清偿的问题上，《民法典》第 1089 条的规定跟婚姻法的规定没有区别："离婚时，夫妻共同债务应当共同偿还。共同财产不足清偿或者财产归各自所有的，由双方协议清偿；协议不成的，由人民法院判决"。要理解清偿规则，需要借助《民法典》第 307 条的规定："因共有的不动产或者动产产生的债权债务，在对外关系上，共有人享有连带债权、承担连带债务，但是法律另有规定或者第三人知道共有人不具有连带债权债务关系的除外；在共有人内部关系上，除共有人另有约定外，按份共有人按照份额享有债权、承担债务，共同共有人共同享有债权、承担债务。偿还债务超过自己应当承担份额的按份共有人，有权向其他共有人追偿"。该规定是指夫妻共同债务的清偿应当区分对内、对外关系。在夫妻对外关系上，债权人可以向夫妻任何一方请求清偿债务。债务清偿的财产范围包括夫妻共同财产和夫妻双方的个人财产。财产的清偿顺序是，先以夫妻共同财产偿还，夫妻共同财产不足以清偿债务的，债权人可以请求以夫妻双方或一方的个人财产清偿。例如，夫妻共同债务是 200 万元，现债务人的家庭共同财产是 100 万元，远不足以清偿共同债务，债权人可以要求夫妻一方或双方以个人财产进行清偿，债权人如果要求一方清偿全部债务的，该方不得拒绝。

在夫妻内部关系上，首先，如果夫妻一方偿还的债务超出了自己应当承担的份额，有权向另一方追偿。其次，对外虽为夫妻共同债务，但实际不属于夫妻共同债务的，也可以请求向另一方追偿。如前面提到的，因举债方欺诈、胁迫共签的债务，或者利用另一方处于危困状态、缺乏判断能力等情形下签署的共同债务，受损害方可以欺诈、胁迫、显失公平、重大误解等请求撤销并要求追偿不应当由自己负担的债务。再次，一方对外以为家庭日常生活需要所负的债务，但实际并非为家庭日常生活需要的，另一方可以向举债方追偿。最后，夫妻一方负债，但债权人能够证明所负债务的收益用于家庭生活的共同债务，在对外清偿后，举债方配偶认为负担的债务与其受益相差过于悬殊的，如负担了 100 万元的债务，但受益仅为 20 万元的，可以依据平均分担债务有失公平主张追偿。在夫妻之间，除可以主张上述追偿外，离婚时，对因家庭日常生活需要或因用于夫妻共同生活而"被负债"的一方，还有哪些救助措施？第一，如果没有劳动收入或者收入较低的一方，没有能力偿还大额债务的，可以依据《民法典》第 1087 条的规定："离婚时，夫妻的共同财产由双方协议处理；协议不成的，由人民法院根据财产的具体情况，按照照顾子女、女方和无过错方权益的原则判决"。请求法院适用照顾原则，适当减少或免除债务的分担。第二，可以请求适用《民法典》第1088条："夫妻一方因抚育子女、照料老年人、协助另一方工作等负担较多义务的，离婚时有权向另一方请求补偿，另一方应当给予补偿。具体办法由双方协议；协议不成的，由人民法院判决。"夫妻共同财产的分割，包括积极财产，也包括消极财产，消极财产就是债务的分担，"被负债"的一方可以基于对家庭的贡献，请求减少或免除债务的承担。第三，可以请求适用《民法典》第1090条规定："离婚时，如果一方生活困难，有负担能力的另一方应当给予适当帮助。具体办法由双方协议；协议不成的，由人民法院判决"。要求举债方给予经济帮助的方式减免债务的分担。

如果当事人并不想离婚，但又担心"被负债"，可以依据《民法典》第1066条规定："婚姻关系存续期间，有下列情形之一的，夫妻一方可以向人民法院请求分割共同财产：（一）一方有隐藏、转移、变卖、毁损、挥霍夫妻共同财产或者伪造夫妻共同债务等严重损害夫妻共同财产利益的行为；（二）一方负有法定扶养义务的人患重大疾病需要医治，另一方不同意支付相关医疗费用"。将夫妻财产分别所有，是避免"被负债"的有效措施。

## 三、民法典夫妻共同债务规定的意义是什么？还存在哪些风险？

1.夫妻共同债务规定的意义，主要体现在以下几个方面：

第一，突破了传统民法民事利益衡量的基本规则。这个规定牺牲了民间借贷的交易习惯，牺牲了交易安全、高效和便捷，旨在对家庭、对弱势群体实施倾斜性的保护。

第二，给社会明确的指引。夫妻共同债务如何认定？如何举证？社会只有充分理解才可避免和减少纠纷。同时，也为法院确定了统一的裁判规则，可以减少"同案不同判"的问题。

第三，赋予了夫妻各自享有独立的人格，这对促进夫妻关系朝着平等的方向发展具有重大意义。主要表现在两个方面：一是，在夫妻人身关系中增加了一个家事决定权的规定，《民法典》第1060条规定："夫妻一方因家庭日常生活需要而实施的民事法律行为，对夫妻双方发生效力，但是夫妻一方与相对人另有约定的除外。夫妻之间对一方可以实施的民事法律行为范围的限制，不得对抗善意相对人。"这个规定的意义是，"男主外、女主内"的家庭生活模式，形成了妻子在社会交往过程中间所实施的民事法律行为由丈夫对社会承担法律后果。在这种情况下，我们一直使用家事代理权这个概念。这次法律把这个条文改成了家事决定权，也就是说，夫妻双方对家庭日常事务都有决定权。二是，对于超出日常生活需要所负举债，另一方有知情权和同意权。过去之所以"被负债"，很大程度上是因为一方觉得不需要告诉另一方——我生产经营，你懂吗？你不懂，我没必要告诉你，更不需要与你商量。民法典赋予了夫妻双方各自享有独立的人格，凡涉及家庭共同利益的事务，双方需要协商处理。

第四，由债权人举证，强化了债权人的风险防范意识。虽然夫妻共同债务的认定规则加大了债权人的举证责任，但从减少和避免纠纷的角度讲，实际对债权人的保护是有积极意义的。之前在实行"时间"推定规则的时候，债权人都没有意识要双方签字的欠条，但没有双方签字就会引发诉讼，从这个角度讲，债权人如果事先与债务人明确是否为夫妻共同债务，如果是，就直接要求共债共签，如果不是，就需要考虑要不要借。可以肯定的是，事先做好防范措施，比事后依靠法律救济会更主动，可以有效避免事后不必要的纠纷和损失，从根本上提高交易效率和交易安全。

2. 夫妻共同债务的规定还存在哪些问题或风险？

第一，从债权人的角度讲，夫妻一方负债，双方联手转移夫妻共同财产的风险，还没有完善的救济措施。例如，夫妻一方负债，另一方不签字，但债务却用于夫妻共同生活，甚至转移给对方，目前还没有好的防范措施。

第二，夫妻一方举债，举债方和债权人联手证明债务属于夫妻共同债务的，举债方配偶"被负债"的风险依然存在。

第三，共债共签对家庭的和睦和婚姻共享具有一定的消极作用。首先，夫妻在投资、借债、融资的问题上，如果分歧很大且长期达不成共识，积怨就会越来越深，家庭和睦自然就会受到影响。其次，一方拒绝共签债务，意味着风险不想分担，负债的一方很可能提出收益也与对方共享。最后，未来债权人要求共债共签是借款的前提条件，因为债权人是需要由家庭财产作为担保的，一方拒绝签字，家庭关系很可能因为借不到钱而产生矛盾。

第四，共债共签不利于鼓励社会向他人伸出援助之手。例如，夫妻感情不和时一方病了，为治病可能需要向他人借钱，但由于共债共签的原因，债权人需要见到配偶的签字，但另一方不签的，这个钱就借不出来了，这与我们和谐社会的核心价值观可能还是有一点冲突的。法律规则如果让亲友间借钱变得非常困难，应当也不是我们这个社会的价值导向。所以，我们除了需要调整交易习惯、强调债权人的风险意识外，同时也要鼓励夫妻同甘共苦，还婚姻关系的本质，这对促进家庭和睦是有积极意义的。

最后要指出的是，"被负债"的根本原因是夫妻感情不和。从之前"被负债"的案件可以看出，很多当事人都已经分居多年了。从这个角度讲，民法典提倡的"树立优良家风、弘扬家庭美德"是非常必要的。如果我们的家庭关系是建立在平等、和睦、文明基础上的，"被负债"才有可能真的不再存在。

今天我讲的内容就到这里，感谢大家收看本次直播《民法典开讲》。谢谢大家！

民法典
开讲

# 第十二讲

# 你的正当权益，
# 都由侵权责任编保障

## 张新宝

中国人民大学法学院教授、博士生导师
《中国法学》杂志社总编辑
中国法学会民法典编纂项目侵权责任编召集人

各位观众，晚上好。欢迎大家收看由司法部普法与依法治理局、中国人民大学法学院联合出品，百度APP联合制作的《民法典开讲》系列公益公开课。我是中国人民大学张新宝，这是我们十二讲的最后一讲。我们有句谚语叫"饭好不怕晚"，能够坚持到最后一讲，特别是到最后一讲这么晚的时间来听讲座，我觉得大家都是最优秀的听众。大家千万不要认为，放在最后一讲就是不重要的，之所以放在最后一讲，是因为我们的侵权责任编编到了民法典的最后一编，这就是"第七编　侵权责任"。

我个人作为中央确定的民法典起草五个单位之一——中国法学会民法典编纂领导小组的成员和侵权责任编的总召集人，以工作人员的身份参与了整部民法典的立法过程，有机会了解法律草案的讨论情况。同时，作为民法尤其是侵权责任法、人格权法长期的研究者和教学者，对于相关的理论和实践积累了一些资料，有一些个人的学习心得。在此，想通过对《民法典》"第七编　侵权责任"的立法情况做一些介绍，对有关修改的数据进行统计分析，对重要的修改创新及其理由做一些说明，并对侵权责任编的正确实施做一些初步的展望。

我们先看一看有关的数据，全国人大常委会副委员长王晨在对民法典草案进行说明的时候指出，《侵权责任法》自 2010 年 7 月 1 日实施以来，在保护民事主体的合法权益，预防和制裁侵权行为方面发挥了重要作用。"第七编　侵权责任"在总结实践经验的基础上，针对侵权领域出现的新情况，吸收、借鉴司法解释的有关规定，对于侵权责任编制度做了必要的补充和完善。

我们对第七编做了一个数据上的统计，《民法典》"第七编　侵权责任"共 10 章，95 个条文，它是在原《侵权责任法》的基础上面制定的。《侵权责任法》是 92 个条文，被新法删除的条文有 12 条又 1 款。删除的，有一些是过去的《侵权责任法》上面的穿鞋戴帽的条文，比如说它的立法目的，它的实施时间，等等，这样的条文删去；还有一些是部分内容与民事责任的一般规定相重复，这些规定已经规定在《民法典·民法总则》第八章民事责任里面，因此没有必要在侵权责任编里面另外加以规定。

保留了大概 39 个条文，这些条文基本上原封不动保留。在这 39 个条文之外，还有一些修改是十分小的基础性的修改。整个法律，大家可能注意到，将"但"改为"但是"，将"或"改为"或者"。此外增加了个别文字，进行了个别文字上面的修改。比如说，《侵权责任法》第 26 条规定，"被侵权人对损害的发生也有过错的，可以减轻侵权人的责任"。这个里面我们就做了一个特别小的文字修改，规定在《民法典》第 1173 条，规定是"被侵权人对同一损害的发生或者扩大有过错的，可以减轻侵权人的责任"。通过把"损害"限定为"同一损害"，使本条的适用性情形更为确定；对于不同的损害，尽管被侵权人存在过错，但是由于不具有相当因果关系，而不构成减轻侵权责任的抗辩事由。同时增加了"或者扩大"这四个字，使得本条不仅适用于损害发生的情况，而且也适用于损害扩大的情况。

而另一种情况是，有些条文的文字修改尽管比较少，但是法律条文的意义发生了深刻的变化。我们举一个例子，《侵权责任法》第 24 条是关于公平责任的规定，条文是这样的，"受害人和行为人对损害的发生都没有过错的，可以根据实际情况，由双方分担损失"。但是，我们的侵权责任编做了少量的文字修改，使得这一条文的含义发生了重大的变化。《民法典》第 1186 条规定，将"可以根据实际情况"修改为"依照法律的规定"，具体的条文是"受害人和行为人对损害的发生都没有过错的，依照法律的规定由双方分担损失"。这样的规定，大大地修改了《侵权责任法》第 24 条的法律精神。第 24 条规定的是，由法官根据具体的实际情况来判双方分担损害后果。过去这样的案件也比较多，有一些出来之后，受到了舆论的广泛关注，有的引起了激烈的批评。

我举个例子，三年前在河南郑州市发生的电梯上面的劝烟案件，一审法院也正确地查明事实，说原告和被告双方都没有过错，本案的受害人犯心脏病死亡，双方都没有过错，但又发生了死亡。一审法院根据第 24 条的规定，判决由本案的被告分担 1.5 万元的损失。这个案件被告没有上诉，他尽管不服判决，但是社会对此也一片哗然。原告上诉了，认为给他的补偿太少，结果二审法院作出的判决与原告即上诉人的期望完全相反，判决驳回上诉人的上诉，判决被上诉人不承担一分钱的补偿。而在判决出来以后，社会也广泛好评。本案中的被告是一名医生，在电梯里面劝阻他人吸烟，是一个正常的合法的应当受到社会鼓励的行为。任何一个城市里面都有关于公共场所禁止吸烟的规定，尤其是在电梯这样的封闭的空间里面，更加是禁止吸烟的。我们大家稍微留心注意，你在自己所乘坐的电梯里面，基本上都会发现禁止吸烟的标志。这样一个合法行为，为什么行为人要去承担一个补偿的后果呢？大家不能够理解。到了二审法院，由于第24条在当时还是有效的法律，所以人民法院不能够说这一条法律写错了或者说这条法律有什么问题，但是他认为这个案子的判决结果是不妥当的，它从事实层面解决了这个问题。这就是说，尽管双方都没有过错，尽管有劝烟了，尽管死亡也发生了，但劝说不要吸烟的这一个行为与损害之发生之间，没有法律所要求的相当因果关系。由于没有因果关系，所以一审法院在事实认定上面错误，二审判决撤销一审法院的判决，判决原告败诉。这个案子最终是得到了比较好的处理。

但是我们回过头来看，这条法律本身可能造成像一审法院这样的判决，过去为了息事宁人，抹稀泥的情况时有发生。只要是原告去告，只要他去闹，尤其是怕他去上访，恐怕就会根据第24条或多或少地判决一些补偿。有一些补偿判决是有理的，但有一些是没有理的。所以，这样的条文之存在，使得各地各个法院在执法上面往往又不统一。刚才我们谈到的，在同一个地区，一审法院和二审法院对于这条法律的适用也不一样。

因此在修改这条法律的时候，就认识到在依法治国升级为全面依法治国的背景下面，要求法律的实施更加严格。像第24条这样的条文，可能会引起一些误解。因此，法律修改将"根据实际情况，由双方分担损失"，修改为"依照法律的规定由双方分担损失"。那么，"根据实际情况，由双方分担损失"指的是法院或者是法官根据实际情况来作出判断，裁判权是授予法官的；修改后的法律，将这一个裁判权收到了立法上面来，法官再没有权力根据实际情况作出判决，是要根据法律的规定作出判决。也就是说，只有其他的哪个法律条文规定了分担损失，法院才能作出判决分担损失；如果没有其他法律条文，将不能够根据这一个条文，判决分担损失。这样使得法律的规定更加明确，法律的执行也将会更加严格。

这是我们对于这样的修改的字数不太多，但是它的意义变化很大，举的一个例子。我们还做了一些统计，其实我在最近的媒体上面看到，当然也有一些是大众媒体，说民法典的新东西不多，新的条文不过百分之几。其实，大家没有特别专业性地去考虑。像我刚才谈到的，修改的那些一个字两个字，你可能就没有读出来是修改了。修改的条文还是比较多的，仅就侵权责任法而言，我们增加的条文就达 20 个左右，在一部总共 95 个条文的法律里面增加的条文就有 20 多个，还有修改的条文将近 30 个。我们看看增加的条文的规定。

首先是增加了关于受害人自甘风险的规定。就是说你参加文娱体育活动，那些风险性较大的，你去踢足球，被人踢伤了，你去告踢你的人即其他足球球员，人家就可以以这个条文作为抗辩的事由，主张不承担责任。这就是所谓的自甘风险的规定。

还规定了受害人自助的条文，在第 1177 条。比如一个餐馆老板正常营业，来了一帮小青年在那大吃大喝一顿，最后吃完了之后不付账，想溜了。餐馆老板发现了，把他们扣住，说你们要交了钱再走，假如没有钱交的话，先把你们的财物扣下，比如说你的手机先扣下，拿钱来取手机。这种情况我们把它称为自助行为，以自己的行为来帮助自己，通过扣押侵权人的财产等方式，来使得自己的债权不会落空。这样的话我觉得也体现了我们的法治精神和原则。

增加了关于不承担或减轻责任的法律适用的条款的规定，在第1178条。增加了因为故意或者重大过失侵害自然人具有人身意义的特定物品造成精神损害，被侵权人有权请求精神损害赔偿的规定，在第1183条。这个条文其实在2001年的最高人民法院的关于精神损害赔偿的司法解释里面就有规定，但是在2009年我们起草侵权责任法的时候，没有吸收这条规定。我们民法典在编纂的时候，又再次回到过去的司法解释中，找出了一些特别正确有效的规则，使它上升为法律。我们知道，有一些物品对于他人基本上是没有经济价值的。比如说，某一个人的老照片，某一个人家里面的家谱。如果说你家不是特别显赫，你拿到市场上面去，可能是卖不出钱来的，但是对于家族的成员确实特别重要，也许他们把它看作最宝贵的精神财富，由此知道自己从哪个地方来，到哪个地方去，自己的祖上是什么，他们有什么样的成绩，家里有什么样的家训，有什么样的传家的箴言、格言，这些都在家谱里面有记载，还出过一些什么样的优秀的人物，在家谱里面都有记载。所以，这些具有人格意义的纪念物品，仅仅从它的经济价值来说，可能是微不足道的。如果对这些造成损害，特别是故意侵权造成的毁损、灭失，导致受害人遭受严重的精神损害，仅仅去赔偿它的物质价值是不够的，还要对精神损害予以赔偿。因此，我们的民法典吸收了2001年的精神损害赔偿的司法解释的有关规定，将它上升为相关的法律条文。

此外，我们增加了关于损害赔偿的规定。惩罚性的损害赔偿，在侵权责任法的制定中，曾经进行过比较深入的讨论，但是得出了一个比较保守的意见。从世界范围来看，有一些国家，比如说像美国，侵权责任中的惩罚性赔偿是适用比较多的；但是，大陆法国家特别是像德国这样的国家，惩罚性赔偿适用得比较少，或者说原则上是不能适用的。因此，在起草侵权责任法的时候，我们仅仅在一个条文里面写了惩罚性赔偿。但是经过 10 年的发展，我们认识到惩罚性赔偿对于遏制侵权行为、保护人民的民事权益，具有重要意义。如果说，一个侵权行为的成本太低，他就很可能铤而走险，侵害他人的民事权益。因此，我们在《民法典》的总则民事责任这一章里面的第 179 条，就对惩罚性赔偿作出了规定，使它成为一个一般性的法律责任，规定是"法律规定惩罚性赔偿的，依照其规定"。这也就是说，将扩大适用惩罚性赔偿在总则里面就奠定了基础。而在侵权责任编里面，我们至少有三个条文规定了惩罚性赔偿，这就是第 1185 条"故意侵害他人知识产权，情节严重的，被侵权人有权请求相应的惩罚性赔偿"；第 1207 条关于明知而生产、销售假冒伪劣产品造成他人死亡或者是重大的人身伤害的，适用惩罚性赔偿的规定；第 1232 条也规定了惩罚性赔偿，"侵权人违反法律规定故意污染环境、破坏生态造成严重后果的，被侵权人有权请求相应的惩罚性赔偿"。所以我们在分则中至少有三个条文，规定了惩罚性赔偿。其实，不光是民法典中有规定，我们在知识产权法，包括正在修改中的著作权法对于惩罚性赔偿也都作出了规定，所以说惩罚性赔偿呈现一个扩大适用的趋势。

我们还规定了委托监护情形的侵权责任，增加了提供劳务期间第三人的行为造成提供劳务一方损害的侵权责任，以及规定了承揽情形的侵权责任。关于承揽的侵权责任，规定在《民法典》

第 1193 条，而这个条文曾经在侵权责任法立法的时候也有过讨论，而在最高人民法院 2003 年的人身损害赔偿的司法解释里面是有规定的。大意是，在承揽关系中，发包人对于承揽人在完成承揽工作的任务中，造成的对他人的损害和自身造成的损害，发包人原则上不承担责任，只是在有过失的情况下，承担相应的责任。比如说，一个建筑工程，发包方将这个工程发包给了工程队，工程队在施工的时候，脚手架倒了，或者砖头掉下来砸伤了过路的行人，发包人根据本条的规定不承担责任，而由承包的工程队承担责任。因为这个场地是工程队管着的，发包人原则上对于该场地没有控制的能力。这是在 2003 年的人身损害赔偿的司法解释里面就有规定，但是到了 2009 年起草侵权责任法的时候，这个规定没有被采纳。在我们起草民法典的时候，再次认识到这个规定是重要的，因此又对人身损害赔偿的司法解释中的这一规定进行了提炼，规定到民法典中。

如此增加的各种规定还很多，我刚才举到的大概有 10 个，还有 10 个，包括网络侵权中的反通知，幼儿园、学校、教育机构承担补充责任之后的追偿权的规定，以及产品召回采取必要费用的规定，还有机动车挂靠经营发生交通事故的规定，还有未经允许驾驶机动车造成交通事故的规定，还有关于机动车交通事故赔偿责任顺序的规定，以及保险责任强制保险垫付的责任，还有好意同乘，即拼车，上班的时候搭同事的车去上班，结果在路上闯了祸，也可能撞到第三人，也可能同乘的人遭受到损害。过去我们法律里面没有规定，但是司法解释里面有规定，我们的民法典吸收了司法解释的规定。还增加了刚才谈到的故意破坏生态、故意污染环境的惩罚性赔偿的规定。规定了破坏生态的公益诉讼的恢复原状的规定，也就是恢复生态的规定和生态赔偿的规定。这主要是规定在第 1254 条的第 2 款和第 3 款。

这些新增的条文，有些是为了适应新的形势和其他法律修改的需要，大部分是对司法解释成果的吸收，也有少量属于文字表述方面的技术性的修改。在整体上面也做了一些变化，由于它不再是一部完整的法律，而是民法典的一编。因此，在这个结构上面，由过去的 12 章变成了今天的 10 章，主要是过去《侵权责任法》的第一二章合并成了现在的第一章，而《侵权责任法》的最后一章附则，被删除掉了。

下面介绍一些最重要的修改或者是制度创新。第一个最重要的修改，我想是贯彻生态文明的理念和民法典的绿色原则，建立与完善环境污染和生态破坏的侵权责任制度。在侵权责任法里面，我们只是规定了污染环境的侵权责任，没有规定破坏生态。这个问题其实在 10 年前侵权责任法立法讨论的时候，就被认真地提出来进行过讨论，但是最后立法并没有吸收破坏生态作为侵权类型的这样的一个建议。还出现过一些特别有名的案件，比如发生在武汉的梨农提起的多人诉讼，提起损害赔偿的诉讼的原告大概有 1000 多人。一审判决本来是对的，到了二审判决，由于在法律适用上面产生的分歧，驳回了原告的请求。当时有一些学者就对这个案件进行了分析，也通过我将这个案件分析的法律意见提交给了当时的立法部门，希望他们能够认真地研究，但是当时的侵权责任法没有接受这个意见。不过事情很快就发生了变化。党的十八大报告提出了建设生态文明的目标，对于生态环境、生态侵权制度提出了更高的要求。党的十八届三中全会通过了《中共中央关于全面深化改革若干重大问题的决定》。其中的第十四项就是加快生态文明制度建设，在这一精神的指导下，2014 年修改的《环境保护法》第 64 条作出了规定，"因污染环境和破坏生态造成损害的，应当按照《中华人民共和国侵权责任法》的有关规定承担侵权责任"。在《环境保护法》修改中，在第 64 条，将污染环境和破坏生态作为两种侵权行为相提并论地加以规定。污染环境和破坏生态是两种行为，有时候是分得清楚的，有时候分不清楚。举个例子，比如说，有一个侵权人，他将一大片生态防护林砍倒，导致当地发生严重的沙漠化，进而发生大量的风沙灾害，这个行为是一个破坏生态的行为，而不是一个污染环境的行为。如果仅仅是依靠过去的侵权责任法，由于它没有规定破坏生态，像这个行为就不能够追究他的侵权责任。因此我们的侵权责任编考虑到了党的十八届三中全会的决定，考虑到了《环境保护法》第 64 条的修改，因此在侵权责任编里面，对于破坏生态和污染环境作出了等量齐观的规定。不仅作出了等量齐观的规定，而且还规定了故意破坏生态和污染环境造成严重损害的，要承担相应的惩罚性赔偿责任，我觉得这是一个最重要的修改。这个修改还增加了两个新的具体的制度，一个是生态修复责任，一个是生态赔偿责任。生态修复责任和生态赔偿责任，都不是来救济单个的受害人的，而是由国家的有关机关或者是通过公益诉讼等形式来加以追究。

第二个重要的方面，是贯彻社会主义核心价值观，明确提供相应的行为规范，夯实侵权责任的公平正义基础。2012 年 11 月，党的十八大报告明确提出了三个倡导，即倡导富强、民主、文明、和谐，倡导自由、平等、公正、法治，倡导爱国、敬业、诚信、友善，积极培育社会主义核心价值观。这是对于社会主义核心价值观最全面的概括。2013 年 12 月，中共中央办公厅又发出了《关于培育和践行社会主义核心价值观的意见》。2017 年 3 月 15 日，第十二届全国人民代表大会第五次会议通过的《民法总则》第 1 条就规定："为了保护民事主体的合法权益，调整民事关系，维护社会和经济秩序，适应中国特色社会主义发展要求，弘扬社会主义核心价值观，根据宪法，制定本法"。在 2018 年 3 月 11 日，第十三届全国人民代表大会第一次会议通过的宪法修正案里面，将"国家提倡爱祖国、爱人民、爱劳动、爱科学、爱社会主义的公德"，修改为"国家倡导社会主义核心价值观，提倡爱祖国、爱人民、爱劳动、爱科学、爱社会主义的公德"，这是《宪法》第 24 条。

所以，社会主义核心价值观从党的文件的决定上升为法律条文和宪法的原则，《民法典·侵权责任编》贯彻社会主义核心价值观，是我国政治制度、宪法和法律原则的必然要求。而在侵权责任编中，精准地平衡民事主体民事权益的保护与行为自由之间的相互关系，提供明确的行为规范准则，并揭示出侵权责任的公平正义基础，是贯彻社会主义核心价值观的一个重要的方面。我们可以从以下几个方面来加以观察。

首先，增加了自甘风险、自助等抗辩事由的规定。《民法典》总则第八章规定了民事责任的一般规则，对于侵权责任的抗辩事由的条文，从《侵权责任法》第三章转移到了《民法典》总则第八章中，但是侵权责任编增加了两个新的抗辩事由，这就是自甘风险和自助。这两个条文所规范的内容，我刚才给大家做过解释。这就使得行为人获得了更大的行为自由。在自甘风险或者自助成立的情况下，即使造成他人损害，也不承担责任。由此保护行为人的自由，并在一定程度上授予其通过私力救济保护自己的合法权益，这些都是法治社会的必然要求。

刚才我还谈到，增加了对具有人身意义的特定物的保护。对其侵害者特别是故意侵害者，应当承担精神损害赔偿的责任。

强化了对于知识产权的保护，增加惩罚性赔偿的规定，故意侵害知识产权，情节严重的，被侵权人有权请求相应的惩罚性赔偿。以惩罚性赔偿来制裁故意侵害知识产权的行为，一方面出于优化营商环境、维护公平正义的社会秩序的需要，同时也是强化知识产权领域法制建设、保护知识产权的重要制度安排。这一规定为未来几个单行法律，包括知识产权法的修改奠定了基础。

侵权责任编还强化了过错责任，保护行为人的善意。侵权责任编多处增加规定了过错责任，包括第三人的过错或向第三人的追偿权，在第三人过错的情况下应当承担侵权责任。比如说，第 1189 条的后半段，第 1192 条第 2 款，第 1198 条第 2 款，第 1201 条第 1 款。有故意或者重大过失的行为人承担赔偿责任，不受法定限额的限制。如第 1244 条规定，"承担高度危险责任，法律规定赔偿限额的，依照其规定，但是行为人有故意或者重大过失的除外"。增加了好意行为造成他人损失，减轻或者不承担责任的规定。第 1217 条规定，"非营运机动车发生交通事故造成无偿搭乘人损害，属于该机动车一方责任的，应当减轻其赔偿责任，但是机动车使用人有故意或者重大过失的除外"。强化过错责任，减轻好意行为人的责任，不限制故意或重大过失行为人的责任的限额，有助于分清是非曲直，将侵权责任深深地根植于过错，使得承担侵权责任更具有公正性，同时为人们提供明确的行为规范。这就是按照社会主义核心价值观来待人处事，做诚心善意的理性人。

还有一个特别引人注意的是，调整了从建筑物中抛掷或者坠落物的责任的规定。《侵权责任法》第 87 条一直是一个比较受到争议的条款，发生相关的案件，往往成为社会舆论的热点。这一条法律在起草的过程中，正好发生了重庆的烟灰缸案等一系列的从建筑物抛掷或坠落物品造成他人损害的案件。当时起草的法律条文回应了社会对这一问题的需求，但是这一条文在实施以后，遇到了进一步的问题，它不考虑有关机关特别是公安机关的调查职责，不考虑物业企业的安全保障义务，甚至不对侵权行为的直接责任人作出承担责任的规定，而是强调可能加害的建筑物的使用人给予补偿，带来了一些负面的社会效果。

第一，有关机关在发生这样的案件的时候，有的懒政，不依法调查，即使是在被侵权人死亡或者是严重人身伤害的案件中，有些机关也不依法进行调查，他们推脱的理由是《侵权责任法》第 87 条提供了民事救济，被请求人可以到法院起诉。使得本来就可以调查清楚的案件，不能够调查清楚，最后不了了之，或者是和稀泥地解决。我们很清楚公安机关动用国家的侦查权力，有强大的技术支撑，去调查清楚这样的案件，相对来说比民事案件的当事人去查明事实真相，要容易得多。这也是国家的刑事诉讼法和相关的法律规定的国家机关，尤其是公安机关的法定职责。但是在过去，这些职责履行得并不太好。第二，是过分强调由可能加害的建筑物使用人给予赔偿，采取和稀泥的办法处理侵权案件，没有分清是非曲直，所做的补偿缺乏正义性基础。相关当事人不服气，加大了法院的执行难度，也使得社会的公平正义难以得到完全的伸张。第三，由于物业服务企业缺位，不利于调动利益相关方面治理高空抛物的积极性。正是由于这些问题，使得修改第87条成为侵权责任编编纂的时候的重要任务之一，与《侵权责任法》第87条相比，《民法典》第1254条，主要有以下几个方面的修改。

第一，从行为规范的角度出发，规定禁止从建筑物中抛掷物品。我们这个社会是一个飞速发展的社会，我们的城市化也是在其他国家可能经过一两百年甚至更长的时间完成的，我们在几十年、二三十年完成，大量的人从过去分散地居住，住平房、住单门独院，聚集到大城市，特别是像北京、上海、广州、深圳这样的大城市，有些城市里面十几层二十几层乃至更高的建筑物比比皆是，这些建筑物往往还是居民楼。人们居住在这样快速城市化的高楼里面，他的生活方式、生活习惯未必就改变过来。而我们有了今天的这样的一个法律规定，说禁止从建筑物中抛掷物品，就成为人们普遍遵循的一个行为规则。家里面来了亲戚朋友，家里面有在农村长期生活的，后来到城里面跟父母、跟孩子一块来生活的亲人，你就可以跟他说，说我们这一个建筑物跟农村里面住平房是不一样的，我们自己在老家里面，你从窗子里面扔出去什么东西，扔的还是在自己的自留地里面，那是没有问题的；但是到城里面就有问题了，下面有人在走、有车停着，你就可能伤人了，就可能毁物了，因此我们大家都要去约束自己的行为，去管好自己的行为，不能够从窗子里面往外扔东西。假如有了这么一个法律规定，我想给我们来的亲戚朋友打这么一声招呼，是比较容易做到的。而且我们在民法典颁布以后，进行广泛的普法教育，我们的人民群众也能从中学到应当遵循的行为规范，所以这是第一个修改。

第二，强调从建筑物中抛掷物品或者是从建筑物上坠落物品造成他人损害的侵权人的责任。出现这种案件，首先应当规定的是由侵权人来承担，而不是首先就规定说找不到人的时候怎么办，大多数案件是找得着人的。而在有一些案件开头的时候找不着人，通过公安机关去调查，有痕迹检验，有物理实验的方法，有登门去查验现场，也可以跟有关的群众去谈话、询问，通过多种方式查明案件事实真相。在能够找到案件的侵权人的时候，当然是应当由侵权人来承担责任，这是它的第二项修改。

第三，还是保留了《侵权责任法》第87条的规定，这就是规定由可能加害的建筑物使用人承担补偿的义务。但过去仅仅规定了补偿义务，在新法里面规定，你承担补偿义务之后，你还有追偿权，假如说你这个补偿是不该补的，在后来又查清楚了具体的侵权人到底是谁，承担了补偿义务的相关的使用者，可以向真正的侵权人去追偿，使得这一个和稀泥的处理方式，最终得到比较公平的后果。

第四，引入物业服务企业的安全保障义务，未尽到安全保障义务的应当承担侵权责任。物业服务公司与一个楼盘、与一幢楼的安全保障息息相关，而且他们在日常的安全保障、楼盘的服务和维护方面，发挥着积极的重要的作用。我们这次也看到，在抗疫斗争中，好多小区里面的物业公司发挥了极其积极的重要的作用。他们对一个小区里面的各种情况比较了解，哪些住户里面的行为也比较熟悉，有些住户窗子里面经常往外扔东西，而他们对于像墙壁、像外立墙、像阳台等可能发生脱落、坠落的情况，或者发现阳台上的花盆搁置得不够稳固，可能被风吹下来，等等这样的一些情况，他们都更容易去察觉到，采取必要的措施。比如说，把那个地方拉上围栏，写上警示，这都是它能做到的。特别是现在我们的监控技术高度发达，而安装必要的监控设施，监控可能发生的损害，在今天物业企业是比较容易做到的。而发生了这样的事故以后，它能够提供相关的录像资料，查找到侵权人，所以法律规定了物业服务企业的安全保障义务。如果说它没有尽到这些义务，将可能按照安全保障义务的要求承担相应的责任。法律在最后强调，公安机关应当依法及时调查。

这里有个花絮，其实这一条法律起草的过程是十分慎重的。大家可能观察到，在全国人大常委会第一次和第二次审议侵权责任编的时候，这一条文并没有修改，好多人就在问，说这一条出那么多的案子，那么多的舆论上面的议论，为什么就不改呢？其实大家可能没有注意到，立法部门的说明说得很清楚，说这一条是要改的，但是在一审稿和二审稿的时候还没有来得及把它改出来，就是说要特别慎重地把它改好，要进行广泛的调查研究，充分听取各种意见，要进行论证。因此到了三审稿的时候，这个意见就出来了，写进了三审稿，三审稿由过去的《侵权责任法》第 87 条的仅仅 1 款变成了 3 款，就采取了一个综合治理的思维方式，来治理高空抛物造成的损害赔偿问题。但是在最后 1 款里面，是在提交大会讨论期间修改的，这就是关于公安机关等机关的调查，而在三审稿和提交审议的稿里面，没有明确地点名是公安机关，只是说有关机关、有关国家机关。但是，有关国家机关的表述，在立法的过程中，很多人是有不同意见的，认为既然你要写有关机关，你为什么不写清楚是公安机关。在这样的案件中，从公安角度来看，要么就是一个行政的违法案件、治安案件，那是由公安机关来调查；也可能死了人、伤了人，就成了一个刑事案件，也是由公安机关来调查。既然法律规定的职责在《治安管理法》《刑事诉讼法》等法律中规定得如此明确，为什么不直接写公安机关呢？但是我们的草案一直到提交大会的时候，都没有把它写成公安机关。这个时候我就体验到了人民代表大会的强大力量：在大会期间，这个条文最终被改成了公安机关等机关，明确地规定了公安机关去进行调查的职责。当然，去进行调查的只能是公安机关，不可能是税务局，也不可能是工商局，或者是其他的国家机关，而公安机关负责治安管理，负责这种刑事侦查等等职责，当然是由它去进行调查。

通过对《侵权责任法》第87条的全面修改形成的《民法典·侵权责任编》第1254条，更好地平衡了各方利益，强化在查明事实基础上依法裁判，限定了补偿的使用。这样的责任规则和补偿规则，更加符合公平正义的价值要求，也更有利于建设诚信友善的邻里关系。我们举一些例子，过去曾经也是判过好几十户、二三十户邻里，承担补偿义务，执行起来很困难，有的过去了十几年了，到目前为止，还有一半的钱没有执行。而执行回来的那些人，原告与被告形成了特别对立的感情关系，邻里之间也搞得相互猜疑。因为绝大多数人都认为我自己没有往下扔东西造成损害，却让我去赔偿，或者说让我去补充，心里面总是不服气。所以这样的案件出了之后，作出这样的判决，对于邻里关系的建设，其实也是有重要影响的，我们的法律对这方面的问题在制定的过程中也进行了认真的考虑。

还需要指出的是，为了适应信息社会的要求，强化了网络侵权责任的规定。为了更好地保护权利人的请求，平衡网络用户和网络服务提供者之间的利益，《民法典·侵权责任编》细化了网络侵权责任的具体规定，完善了权利人通知规则和网络服务提供者的转通知的规则，这规定在第 1195 条和相关的条文中，这些修改也吸收了最高人民法院的相关司法解释。

中共中央政治局 2020 年 5 月 29 日，就切实地实施民法典，举行第二十次集体学习。习近平总书记主持学习时发表了重要的讲话。新华社"学习进行时"梳理习近平总书记关于民法典重要论述指出，"有关国家机关要适应改革开放和社会主义现代化建设要求，加强同民法典相关联、相配套的法律法规制度建设，不断总结实践经验，修改完善相关法律法规和司法解释"，"要坚持问题导向，适应技术发展进步新需要，在新的实践基础上推动民法典不断完善和发展"，"各级政府要以保证民法典有效实施为重要抓手推进法治政府建设，把民法典作为行政决策、行政管理、行政监督的重要标尺，不得违背法律法规随意作出减损公民、法人和其他组织合法权益或增加其义务的决定"，"各级司法机关要秉持公正司法，提高民事案件审判水平和效率。要加强民事司法工作，提高办案质量和司法公信力"。

所以，习近平总书记在中共中央政治局第二十次集体学习上的重要讲话，为我们学习和贯彻适用民法典提供了明确的指导意见。我想《民法典·侵权责任编》的学习和贯彻以及实施，首先是要加强理论学习，民法典的草案即将完成的时候，坊间就流传了一句话说，"民法典一出百法枯"，也就是说民法典的实施将导致差不多 9 部法律全部退出历史舞台。民法典里面有很多新东西，有很多新的理念、新的原则、新的观点、新的制度需要我们加强学习。过去的法学的研究，主要侧重于如何去制定好一部法律，也就是所谓的立法论的研究主导着过去几十年的法学研究，而我们未来的侵权责任法的研究，将更侧重于对它的理解和适用的研究，这也就是所谓的解释论的立场和方法将会占侵权责任法研究的主导地位。

我需要指出的是我们要加强司法解释工作。从《民法通则》1986 年颁布到现在 34 年，到后来的一系列民事法律的颁布，有一些是涉及侵权责任的，我们积累了不少有关侵权责任的司法解释，比如说，重要的包括：人身损害赔偿的司法解释、精神损害赔偿的司法解释、网络侵害人身权的司法解释、交通事故的司法解释、医疗损害赔偿的司法解释，等等。一系列的司法解释，都是以《民法通则》或其他相关的民事法律为依据的，这些民事法律随着民法典的生效将会被废除。但是，这些司法解释的很多内容又是不可或缺的，所以哪一些应该修改，哪一些应该保留，哪一些应该废除，需要我们做大量的工作。

无论是法学研究，还是法律适用，都应当科学地解释法律。民法典的颁布，意味着我国民法各部门分散格局的局面迎来了统一法典的时代。但是与刑法不一样的是，民法没有罪刑法定主义原则，也不可能做到典外无法。因此侵权责任编的理解和适用，除了文义解释的基本方法以外，重要的是体系解释或者是系统解释的方法。我们要在民法典内部相关条文之间进行系统的解释。比如说，关于不承担责任和减轻责任的规定，过去都是放在侵权责任法里面加以规定的，但是今天在民法典中，却分散在两个地方，一些是在《民法典·总则》"民事责任"这一章里面，而另一些则是放在侵权责任编的第一章和第二章里面。

此外，民法典之外还有一些侵权责任的规定，也是需要与《民法典·侵权责任编》的适用来进行系统的思考的。比如说关于产品责任，侵权责任编里面有规定，但是我们还有一个《产品质量法》，里面规定了有关产品责任的一些主要的基本的问题，比如说，什么是产品，什么是缺陷，以及抗辩事由。关于交通事故责任，侵权责任编里面有一章作出专门规定，但是它最重要的一个条款竟然不是在民法典里面，而是《道路交通安全法》第76条。因此我们在适用侵权责任法的时候，涉及交通事故案件，首先需要考虑的是《道路交通安全法》的有关规定。我们侵权责任编里面第七章规定了环境污染和生态破坏的责任，但是我们在《环境保护法》以及部门环境保护法里面，也涉及诸多关于侵权责任的条款，需要加以适用。此外，还需要了解，在适用第八章高度危险责任的时候，我们需要了解有关核能的法律规范，航空法律规定，铁路法律规定，危险物品管理法规，等等。适用侵权责任编第九章饲养动物致人损害的这样一些条款的时候，我们需要了解有关的管理规定。第1247条对此作出了规定，这样的管理规定大多数都是省级的。比如说，关于养狗的规定，安全饲养动物的规定，它基本上都不是法律，都是各个省里面的人民代表大会及其常务委员会或者是省政府作出的地方性的规定。侵权责任编第十章建筑物和物件损害责任的正确实施，还需要了解国家有关建设工程管理的法律规定。所以，我们需要以侵权责任编为基础，作为普通法、一般法，同时要了解与此相关的特别法的规定，才能够正确地适用这些法律。

法律要在实践中不断地检验和完善。曾经有法谚说，任何法典在它颁布的时候就已经过时了。意思是说，法律条文只是反映了起草者在起草这些条文时对社会状况的认识，而社会总是不断发展的，法律颁布后会出现立法者在立法的时候没有考虑到的问题，因此法律条文需要不断地接受社会实践的检验，并不断地丰富和完善发展。侵权责任编在立法的过程中，有些问题已经提出来了，但是由于有争议，没有能够得到解决。比如说，在同一侵权行为造成多人死亡，相同死亡赔偿金的规定；还有关于推定医疗过错的规定。这些问题有赖于实践中的不断认识深化，实时地以司法解释、指导案例的形式加以澄清，或者是修改法律，更多的是将随着科技发展出现的新问题，在立法上面作出判断。比如说，自动驾驶汽车，或者是其他类似的人工智能造成他人损害的侵权责任的问题，生物物品致害责任和遗传工程致害的问题，大规模侵权的特殊实体化问题，等等。这些都已经显露端倪，可以预见将来的侵权责任法需要加以关注，但是更多的是，我们今天尚不能够预测的侵权损害与赔偿责任之间的未来问题。所以，包括侵权责任编在内的民法典，应当接受法治的实践检验，在实践中不断地完善。

如果说十年前颁布的侵权责任法适应了依法治国的总体要求，那么民法典第七编侵权责任，则是新时代全面依法治国战略对其所要求的升级版。侵权责任编有近一半的条文，继承了侵权责任法的有关规定，但是也有更多的修改并增加了不少的条文。在承继的基础上，发展和创新了我国侵权责任法律制度的规范体系。这些创新发展有些是技术层面的；有些是适应社会主义核心价值观的要求，特别是贯彻生态文明理念而设置的新的制度、新的规范；有一些是基于民法基本原则，对保护民事权利和合法权益与保障人们的行为之间的平衡，进行的一些细微调整；还有一些是对于网络信息技术等发展，作出的侵权责任法上的回应。

古人云：徒法不足以自行。我们需要把侵权责任法的理论研究的重点，从立法论转移到侵权责任编的解释论上来，运用体系解释等法学基本的方法，深入地理解侵权责任编的规定，需要及时地清理旧的司法解释和制定新的司法解释，并颁布新的指导案例，以正确地适用侵权责任编，并在中国特色社会主义法治的伟大实践中，不断地检验或完善包括侵权责任编在内的民法典的各种具体制度和规范。

以上是我给大家所做的这么一个讲座。谢谢大家收看！

策　　划：蒋茂凝

统　　筹：洪　琼

责任编辑：江小夏

装帧设计：林芝玉

**图书在版编目（CIP）数据**

民法典开讲：视频书 / 中国人民大学法学院 编 . — 北京：人民出版社，2020.8

ISBN 978 - 7 - 01 - 022308 - 7

I. ①民… II. ①中… III. ①民法 - 法典 - 法律解释 - 中国 IV. ① D923.05

中国版本图书馆 CIP 数据核字（2020）第 124165 号

## 民法典开讲
### MINFADIAN KAIJIANG
#### （视频书）

中国人民大学法学院　编

人 民 出 版 社 出版发行

（100706　北京市东城区隆福寺街 99 号）

中煤（北京）印务有限公司印刷　新华书店经销

2020 年 8 月第 1 版　2020 年 8 月北京第 1 次印刷

开本：710 毫米 ×1000 毫米 1/16　印张：17.75

字数：260 千字

ISBN 978 - 7 - 01 - 022308 - 7　定价：69.00 元

邮购地址 100706　北京市东城区隆福寺街 99 号

人民东方图书销售中心　电话（010）65250042　65289539